로마의
미각 반상기

눈과 입이 즐거운 홈메이드 이탈리아 코스 요리

로마의 미각 반상기

김하정 지음

BM (주)도서출판 성안당

PROLOGUE

이탈리아 요리를 이탈리아 전통 식으로

이탈리아에는
'한 사람을 알기 위해서는 적어도 일백 킬로그램의 소금을
함께 먹어 봐야 한다'는 말이 있습니다.

물론 식탁에 앉아서 한 번에 한 주먹씩, 그 많은 양의 소금을 먹을 수는 없는 일이지요.
그만큼 한 사람과 인연이 되기 위해서는 조금씩 조금씩,
더도 덜도 아닌 하루에 한 꼬집의 소금 양만큼,
밥상에 들이는 매일의 정성만큼,
결을 셀 수 없을 만큼의 시간과 마음이 필요하다는 말일 거예요.

나 혼자 먹으려고 몇 시간씩 라구를 끓이고
생파스타를 겹겹이 밀고 구워 라자냐를 만들까요.
밥솥에 있는 버튼 하나만 누르면 밥이 될걸,
리소토라는 건 요리하는 내내 나무주걱으로 쌀알을 계속 튕겨 줘야 하니 참 쉽지 않지요.

이 책은 그저 맛있게 만들어 먹는 법이 아닌
누군가와 어떻게 먹는지,
소중한 이들과 '같이' 먹으며 '같이' 감동하는 요리들에 관한 책입니다.

매일 매일 사사롭게
그러나 세상에서 제일 귀한 한 꼬집의 소금 같은 인연을 나누는
나의 가족, 친구들을 위해
행복하고 건강한 반상이 완성되기를 바랍니다.

나의 하늘인 아빠,
나의 땅인 엄마,
나와 한 나무 한 가지인 동생에게 이 책을 바칩니다.

그리고 나와 매끼의 인연을 맺은 안드레아, 가이아, 아르만도에게.

2022년 봄,
김하정

CONTENTS

PROLOGUE 6
일러두기 14
Before Cooking / Types of Pasta / Recipe Point

ANTIPASTI
전채 요리

카포나타 22
아란치노 26
해물 브로콜리 감자 크로켓 28
참치 올리브 튀김 32
느타리버섯가스 샐러드 36
토마토 가스파초 40
붉은 순무 염장 연어 42
판자넬라 46
안초비 브루스케타 3종 50
옥수수 샐러드 54
가지 호박 피클 58
감자 페스토 샐러드 62
토마토 로스트 64
케이퍼소스 그릴 샐러드 66
근대감자줄기콩 볶음 70

PRIMI PIATTI
첫 번째 접시, 파스타와 리소토

생파스타 76
라비올리 80
뇨키 84
고르곤졸라와 시금치 뇨키 88
아마트리치아나 90
참치캔 파스타 94
까르보나라 98
푸타네스카 102
새우 바질 페스토 파스타 104
Tania의 크레이프 라자냐 106
가지 라자냐 110
가지말이 파스타 114
토마토 라구 파스타 120
비건 까르보나라 124
여름 토마토 파스타 128
브로콜리니 알리오올리오 132
목동의 리코타 치즈 파스타 136
병아리콩 라구 파스타 140
아스파라거스 카넬로니 144
왕소라 가지 파스타 148
호박 봉골레 파스타 152

	오븐 파스타	156
	해물 파스타	162
	루콜라 생참치 파스타	166
	그릴드 채소 해물 파스타 샐러드	170
	사프란 리소토	174
	해물 리소토	176
	흑미 연어 샐러드	180
	꼬리찜 파파르델레	182
	참치 라구	186
	라구 비앙코 파스타	188

SECONDI PIATTI
두 번째 접시, 메인 요리

지중해식 해물탕		196
치킨너깃		200
가지 파니니		204
해물 샐러드		208
문어 샐러드		210
양고기 커틀릿		212
굵은소금 오븐 생선구이		214
이탤리언 호박 미트볼		218
모둠 채소구이		222
바삭 오징어 꼬치구이		226
이탤리언 돼지족발		228
이탤리언 감자 그라탕		232
감바스		236
Arnaldo 할아버지의 렌틸콩 수프		238

PANE E PIZZA
빵과 피자

무반죽 빵		244
마르게리타 피자		250
칼조네		256
포카치아		260
타랄리		266

DOLCI
디저트

딸기 생크림 크레이프		272
Mariagrazia의 참벨로네		276
바나나 플럼 케이크		280
초콜릿 배 케이크		284
초콜릿 살라미		290
사과 케이크		294
사르데냐 도넛		300
리코타 치즈 케이크		306
그란비스코티		312

일러두기

Before Cooking

* 이 책에서는 '큰술'은 15㎖(17g), '작은술'은 5㎖(5g)를 기준으로 합니다.
* 물, 육수, 소스 등의 액체 계량은 ㎖로 표기했습니다.

도구

이탈리아 요리를 시작했다면 팬과 냄비 외에도 몇 가지 간단한 도구가 더 필요합니다. 생파스타 만들 때 무늬를 내는 용도의 나무판, 파스타 모양을 다양하게 내줄 파스타 롤러들, 구운 고기를 한 번에 찍을 수 있는 고기 요리용 포크, 국물이나 면수를 뜰 수 있는 국자, 볶음 요리할 때 팬에 상처가 나지 않도록 두툼한 나무주걱도 필요합니다. 그 밖에도 열전도율이 좋은 팬과 파스타를 삶을 넉넉한 크기의 냄비, 계량컵, 삶은 쇼트 파스타를 건져 낼 국자, 이탈리아 만두인 라비올리를 동그랗게 찍어 낼 수 있는 스탬프도 크기대로 있으면 좋지요.

❶ 뇨키 무늬용 판, ❷ 물결무늬 파스타 롤러, ❸ 라비올리 스탬프(大), ❹ 계량컵, ❺ 고기 요리용 포크, ❻ 국자, ❼ 일반 파스타 롤러, ❽ 라비올리 스탬프(小), ❾ 쇼트 파스타 건져 내는 국자, ❿ 나무주걱

재료

식재료는 최대한 자연 그대로의 재료, 특히 제철 재료를 사용합니다. 호박과 토마토, 가지가 제철인 여름에는 재료를 더하는 게 오히려 과하게 느껴질 정도이므로 간단한 재료로 요리하면 좋습니다. 올리브오일은 질 좋고 향이 깊은 엑스트라 버진으로, 토마토소스는 토마토 100%이면서 소금 이외의 첨가제가 최대한 들어가지 않은 것을 사용하는 등 단순한 식재료와 신선한 허브로 요리합니다.

Types of Pasta

파스타의 종류

파스타 면은 소스의 종류에 따라 쓰임이 달라집니다. 소스의 향이 강할수록 넓은 면적의 파스타가 잘 어울려요. 예를 들어 꼬리찜처럼 토마토와 와인 향으로 오랫동안 끓인 소스나 해물소스는 면의 면적이 넓은 파파르델레 또는 리가토니와 잘 어울립니다. 가벼운 소스에는 샐러드처럼 한 입에 쏙 먹을 수 있는 작은 파스타인 나비 모양의 파르팔레, 펜네, 푸실리 등이 좋아요.

Recipe Point

면 삶기

파스타 요리는 면 삶기에서 시작한다고 할 수 있을 만큼 면을 삶는 과정이 중요한데요. 파스타 면을 삶을 때 면, 물, 소금의 양은 1:1:1로 생각하면 편해요. 즉, 파스타 1인분에 1,000㎖의 물과 10g의 소금이 필요합니다. 끓는 동안 파스타의 맛있는 '밀' 향이 물에 녹아 나오는데, 나중에 소스를 만들 때 이 면수를 더하면 자연스럽게 농도와 간이 맞춰진답니다. 보통 생파스타 삶는 시간은 2분 내외, 흔히 만나는 건파스타 면은 10분 내외로 삶는데요. 건파스타 면은 제조사마다 삶는 시간이 조금씩 다를 수 있으니, 제품에 적힌 삶는 시간을 확인하세요. 만약 삶는 시간이 10분이라면, 8분이 되었을 때 원하는 식감인지 맛을 한번 보면 좋아요. 이탈리아에서는 '알 덴테'라고 해서, 정해진 시간보다 파스타 면을 1~2분 정도 덜 익혀 쫄깃한 식감으로 많이 먹는답니다.

굽기

저는 정말 많은 요리를 오븐과 에어프라이어로 합니다. 오븐으로 요리하면 일단 설거지가 많이 나오지 않는다는 꼼수도 있지만, 오일을 넉넉히 두르고 180~200℃ 사이에서 구우면 마치 튀겨 만든 듯한 요리를 만들 수 있다는 장점도 있습니다. 지나친 칼로리를 피하면서 겉은 바삭하고 속은 촉촉한 요리를 하고 싶어질 때나, 채소 요리를 다양하게 조리하고 싶을 때 특히 유용해요.

집 안에 기름 냄새를 피우기도, 설거지가 많이 나오는 것도 싫은 날, 오븐이나 에어프라이어로 칼로리는 낮추면서 더 건강하고 맛있게 먹는 요리들! 정말 추천합니다.

오븐

오븐은 가스레인지와는 다르게 대류 공기로 익히는 방법으로 재료의 수분을 날리며, 조리 시 위아래 열의 방향에 따라 케이크, 피자, 빵, 채소, 고기, 생선 등을 다른 조리도구 없이 한꺼번에 요리할 수 있습니다.

오븐 사용 TIP
- 보통 180℃의 온도는 오랜 시간 동안 익혀 만드는 촉촉한 라자냐, 케이크 요리에 적합합니다.
- 채소처럼 수분이 많은 요리, 고기 등의 빵가루 옷을 바삭하게 만드는 요리들에는 200℃가 좋습니다.
- 안은 촉촉, 겉은 바삭한 요리를 원한다면 뚜껑을 닫은 채로 오븐용 팬에서 익히다가, 다 익고 나면 뚜껑을 열고 수분을 날립니다. 그다음 오븐을 브로일 기능으로 바꾸어 요리의 겉면만 바삭하게 익히면 됩니다.

ANTIPASTI

전채 요리

카포나타
시칠리안 채소볶음

이탈리아 최남단의 시칠리아섬.
밀라노가 패션의 도시라면
시칠리아는 이탈리아 식재료와 미식의 심장 같은 도시입니다.

시칠리아의 핏빛 오렌지, 에트나 화산 아래의 에메랄드빛 피스타치오,
짜릿한 향의 올리브오일, 은은한 장미 향이 나는 아몬드,
그리고 시칠리아의 고기라고 불리는 시칠리아 가지!

시칠리아에는 아랍과 그리스, 프랑스, 독일, 이탈리아의 영향을 고루 받아
지역별 레시피가 37가지나 존재하는 가지 채소볶음 요리가 있답니다.

유럽의 자본과 아프리카 식민지의 전략적 요충지로
숱하게 지배 세력이 바뀌는 거친 역사의 소용돌이에서도
이 가지 요리가 살아남은 이유는 딱 하나.
누가 먹어도 정말 맛있기 때문이지요.

재료(4인분)

가지 큰 것 3개, 양파 2개, 피망 ½개, 셀러리 1대,
토마토 2개, 마늘 1알, 케이퍼 다진 것 1큰술,
올리브 3큰술, 잣 구운 것 1큰술, 바질 10장,
올리브오일 2큰술, 식초 40g, 설탕 40g,
굵은소금 1작은술, 소금 1작은술

COOKING TIP
□ 가지, 양파, 피망, 셀러리, 토마토는 깍둑썰기하고 마늘은 다져서 준비합니다.

RECIPE

깍둑썰기한 가지에 굵은소금을 넣어 30분간 절인다. 물에 헹구어 소금기를 빼주고 물기를 꼭 짜서 준비한다.

팬에 올리브오일을 두른다.

COOKING TIP
▫ 마른 수건에 손자국이 날 정도로 물기를 꼭 짭니다.

가지를 볶는다.

깍둑썰기한 양파, 피망, 셀러리, 다진 마늘과 케이퍼를 넣고 볶는다.

채소들이 적당히 어우러지면 올리브를 넣는다.

구운 잣을 넣는다.

마지막으로 토마토, 바질을 듬뿍 넣는다.

토마토가 어느 정도 형태를 잃으며 감칠맛이 올라오기 시작하면, 식초와 설탕을 한데 섞어 채소 팬에 넣는다. 약 2분 정도 볶다가 소금으로 간한다.

ANTIPASTI · 전채 요리

아란치노
리소토 튀김볼

한 손에 큼직하게 쥐어지는 리소토 볼을 한입 베어 먹으면
안에서 촉촉하고 뻘건 라구소스와 모차렐라 치즈가 사르르 흘러나오지요. 그 모습이 마치
속이 핏빛처럼 빨간 시칠리아 오렌지와 같다고 해서 이탈리아 말로 오렌지라는 뜻의 아란치노!
진한 라구에 치즈만으로도 이미 너무 맛있는 조합인데, 튀겼으니 맛은 두말할 필요가 없어요.

맛있게 만드는 중요한 팁.
리소토를 6시간 전에 미리 만들어 충분히 식힌 다음 만들어야
밥알이 부서지지 않고 모양이 단단하게 잘 잡힌답니다.

재료(5~6인분, 약 20개 분량)

사프란 리소토(p.174)
토마토 라구 180~200g(p.120)
모차렐라 치즈 60g
달걀 2개(또는 밀가루 120g과 물 180g 섞은 것)
빵가루 150g

RECIPE

01 리소토 만들어 둔 것을 손에 올리고 판판하게 편다.
02 라구를 올리고 그 위에 모차렐라 치즈를 올린다.
03 리소토 한 숟가락을 위에 덮고 손으로 조물조물하여 둥근 모양으로 만든다.
04 달걀물을 묻힌다. (달걀물 대신 밀가루 물 사용 가능)
05 빵가루를 입힌다. 오일을 두른 프라이팬에 노릇하게 튀기거나, 200℃로 예열한 오븐에 15분 또는 180℃로 예열한 에어프라이어에 10~15분 굽는다.

COOKING TIP
□ 사프란 리소토(p.174 참고)와 토마토 라구소스(p.120 참고, 파스타 면 제외)를 준비합니다.

해물 브로콜리 감자 크로켓

우리 솔직하게 말해 봐요.
브로콜리가 아주 좋은 식재료이긴 하지만
브로콜리 하나만 대충 데쳐 먹으면 맛있나요?

한 번쯤 브로콜리에 폭신한 감자와 감칠맛 나는 해물을 섞고
빵가루를 묻혀서 겉만 살짝 튀겨 보세요.
이제야 브로콜리의 진정한 맛이 나온답니다!

모든 재료가 가진 강점을 합쳐 스무 배 이상의 즐거움을 내는 맛.
이게 바로 요리하는 재미죠.

재료(4인분)

오징어 ¼마리, 새우 4마리,
감자 3개, 브로콜리 ¼개, 마늘 1알, 달걀 1개,
물 약간, 올리브오일 1큰술, 소금·후추 약간씩

빵가루옷

달걀 1개, 밀가루 30g, 빵가루 200g,
튀김용 오일 또는 요리용 올리브오일 적당량

COOKING TIP
☐ 오징어, 새우, 브로콜리는 작게 잘라 준비합니다.

RECIPE

01 감자는 찌고 곱게 으깬다.

02 올리브오일을 두른 팬에 마늘을 넣는다. 약불에서 향을 낸 후 마늘을 건져 낸다.

03 오징어, 새우를 넣고 가볍게 볶는다.

04 브로콜리를 넣고 볶다가 소금, 후추로 간한다. 물을 아주 조금 넣고 해물의 향과 어우러지도록 뚜껑을 닫아 익힌다.

05 브로콜리가 부드러워지면 불에서 내린다.

06 으깬 감자를 넣은 볼에 브로콜리와 해물을 볶은 재료를 넣는다.

07
달걀을 넣는다.

08
소금, 후추로 간하며 잘 섞는다.

09
한입 크기로 모양을 내고 밀가루에 굴린다.

10
달걀물을 입힌다.

11
빵가루를 입힌 뒤 프라이팬에 튀기거나, 200℃로 예열한 오븐 또는 180℃의 에어프라이어에 15분 정도 노릇하게 익힌다.

# 참치 올리브 튀김

포크를 쥔 손은 그저 양심일 뿐임을 입증하는 맛있는 요리.
이탈리아의 중부 마르케 지방에서 만들어 먹기 시작했다는
시칠리안 케이퍼와 참치로 속을 채운 올리브 튀김입니다.

케이퍼는 2천 년여 동안 유럽에서
육류나 해류의 텁텁한 냄새를 제거하는 데 사용한
싸하고 상큼하며 시원한 맛을 주는 향신료로
여러 장의 꽃잎에 감싸인 아주 작은 꽃봉오리랍니다.

몇 알만으로도
다른 재료와 맛의 밸런스를 잡고 감칠맛을 더하는,
꽃잎처럼 겹겹이 감칠맛의 비밀을 품고 있는 케이퍼와
고소한 참치소로 특별한 별식을 만들어 보세요.

멀쩡한 포크를 두고 팝콘처럼 집어 먹고 있는 손을 탓하게 될지도 몰라요.

재료(8인분, 50개 분량)

참치캔 2개, 올리브 50알,
당근 ½개, 양파 ¼개, 셀러리 ⅛대,
마늘 1알, 케이퍼 다진 것 1큰술,
달걀 2개, 밀가루 100g, 빵가루 200g,
물 2큰술, 튀김용 오일 적당량, 소금·후추 약간씩

RECIPE

01 당근, 양파, 셀러리, 마늘을 적당한 크기로 잘라 준비한다.

02 준비한 채소를 믹서기에 넣고 곱게 갈아 준다.

03 오일을 두른 팬에 다진 채소를 넣고 볶다가 기름을 뺀 참치를 넣고 볶는다.

04 다진 케이퍼를 넣는다.

05 소금, 후추를 넣고 약불에서 볶다가, 물을 2큰술 넣고 약 20분간 끓인다.

올리브는 씨를 제거한다.

올리브 과육 안에 만들어 놓은 참치소를 채운다.

밀가루를 입힌다.

달걀물을 입힌다.

빵가루를 입힌 뒤 프라이팬에 튀기거나, 200℃로 예열한 오븐 또는 180℃의 에어프라이어에 15분 정도 굽는다.

ANTIPASTI · 전채 요리

느타리버섯가스 샐러드

우리 집 아이들은
이걸 만들면 진짜 고기 요리인 줄 알아요.
먹을 때도 마치 사태 요리처럼
포크로 쭉 찢어 먹지요.

고기보다 더 고기 맛이 나고
고기보다 더 부드러우며
고기보다 더 만들기 쉽고
무엇보다
고기보다 훨씬 맛있어요.

느타리버섯을 요리하니 이런 맛이 나다니!
이 맛을 모르고 산 지난 세월이 아까울 정도라니까요.

재료(4인분)

느타리버섯 6개, 빵가루 120g, 밀가루 30g,
파르메산 치즈 1큰술, 이탤리언 파슬리 다진 것 1큰술,
마늘 ½알, 달걀 1개, 루콜라 적당량, 샐러드 적당량,
발사믹 식초 적당량, 올리브오일 적당량,
소금·후추(생략 가능) 약간씩

COOKING TIP
□ 마늘은 다져서 준비합니다.

RECIPE

01

02

느타리버섯의 끝부분을 잘라 내고 최대한 평평한 모양이 되도록 만들며 손질한다.

빵가루에 파르메산 치즈, 이탤리언 파슬리, 다진 마늘, 약간의 올리브 오일을 넣고 섞어 둔다.

COOKING TIP
☐ 올리브오일은 빵가루를 만져 보았을 때 살짝 뭉쳐질 정도로 촉촉해지도록 넣어 주세요.

03

느타리버섯에 밀가루를 고루 묻힌다.

달걀물을 입힌다.

01의 빵가루를 묻힌 뒤 200℃로 예열한 오븐 또는 180℃의 에어프라이어에서 15분간 노릇하게 굽는다.

COOKING TIP
☐ 루콜라와 샐러드를 올리고 그 위에 파르메산 치즈를 크게 슬라이스해서 올린 다음, 발사믹 식초를 살짝 뿌리고 소금과 취향껏 후추를 뿌려 드세요.

토마토 가스파초

이탈리아에도
우리나라의 오이냉국처럼 뜨거운 여름을 가슴까지 서늘하게 식혀 주는
시원한 토마토 요리가 있답니다.

애피타이저로 먹으면 더운 날씨로 인해 떨어진 입맛까지
감칠맛으로 확 올려 주는
새콤달콤한 토마토 가스파초.

이탈리아에서는 여름에 토마토 가스파초를 안 먹으면
마치 냉면이나 비빔국수를 안 먹고
무더운 여름을 나는 것과 같아요.

여기에 가니시를 멋들어지게 올려 주면 정말 근사하기까지 하답니다!

재료(4인분)

토마토 8개
오이 2개
양파 ½개
마늘 1알
청피망 ½개
식초 5큰술
타바스코 1큰술
올리브오일 3큰술
구운 빵(취향껏)
물 적당량(1인분당 약 1큰술)
소금 약간

RECIPE

01 껍질을 벗겨 낸 토마토는 자르고 씨를 발라낸다.
02 오이, 양파, 마늘은 껍질을 벗겨 자르고, 청피망은 잘라 준비한다.
03 믹서기에 재료를 넣고 물을 조금 넣어 갈아 준다.
04 식초, 타바스코, 소금을 넣는다.
05 냉장고에서 최소 30분 정도 숙성한다.
06 먹기 전에 올리브오일을 넣고 섞는다.
07 원하는 가니시용 구운 채소나 해물 또는 치즈를 그릴하여 올리거나, 바삭한 빵을 올린다.

붉은 순무 염장 연어

일곱 가지 색깔의 무지갯빛은 못 내더라도
아름다운 노을을 보는 듯한 붉은 순무의 강렬한 색감이
오렌지빛 연어 살을 은은하게 물들여
보석처럼 빛나는 염장 연어 요리입니다.

순무의 달콤함이 연어 속살까지 치밀어
생선 비린내도 잡을 뿐 아니라,
허브 딜과 함께 묘하게 우아한 향까지 낸답니다.

냉장고에서 오랫동안 보관할 수 있으니
먹기 전에 샐러드 한 움큼과 함께 애피타이저로
포카치아 위에 치즈, 케이퍼와 함께 올려서 내어 보세요.
재료가 주는 향미에 감동이 노을빛으로 물드는
맛있는 연어 요리입니다.

재료(10인분)

연어 필렛(껍질 붙은 것) 반 마리(약 800g),
붉은 순무 1개, 레몬 제스트 약 3g(레몬 1개 분량),
딜 6줄기, 이탤리언 파슬리 6줄(생략 가능),
굵은소금 80g, 설탕 100g

COOKING TIP
□ 레몬 제스트는 반드시 생레몬 껍질을 갈아 만든 것을 사용합니다.
□ 레몬 제스트를 만들 때는 깨끗이 씻은 레몬의 노란 껍질을 치즈 그라인더나 강판에 갈면 됩니다.
껍질 아래 하얀 부분까지 갈면 쓴맛이 올라올 수 있으니 주의하세요.

RECIPE

01 연어는 물로 씻지 말고 키친타월로 꾹꾹 눌러 수분을 제거한다.

02 굵은소금과 설탕을 잘 섞는다.

03 붉은 순무, 레몬 제스트, 딜, 이탤리언 파슬리(생략 가능)를 잘게 다져 한데 섞는다.

04 02에서 섞어 둔 굵은소금과 설탕의 ⅓ 정도를 깨끗한 형겊에 뿌리고, 그 위에 연어를 놓는다.

05 연어 위에 굵은소금과 설탕 섞은 것을 다시 ⅓ 정도 뿌린다.

06

03의 재료를 연어에 골고루 입힌다.

07

그 위에 마지막 남은 굵은소금과 설탕 섞은 것 ⅓ 분량을 올리고, 손으로 꾹꾹 눌러 준다.

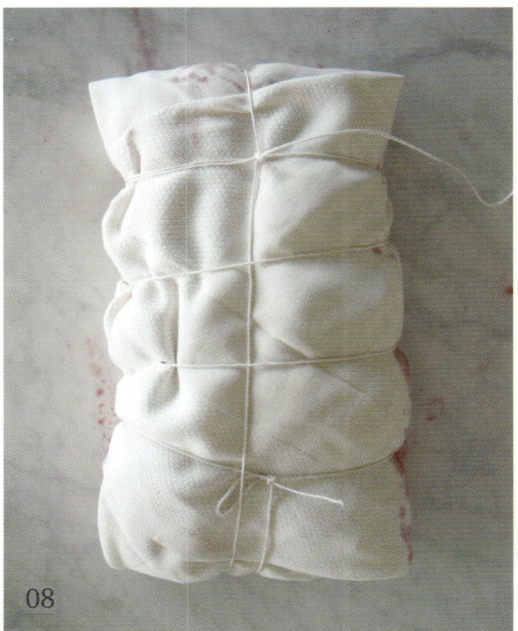

08

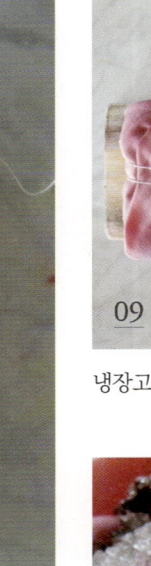

09

냉장고에서 이틀간 숙성한다.

헝겊을 덮고 실로 동여맨다. 이때 너무 꽉 동여매지 않는다.

COOKING TIP

- 노릇하게 구운 브루스케타에 버터를 얇게 발라 샐러드를 깔고, 그 위에 염장 연어를 가볍게 올리면 훌륭한 애피타이저가 됩니다.
- 염장이 되면서 삼투압 현상으로 인해 순무와 연어에서 수분이 나오므로 플라스틱 상자 등에 넣고 무거운 것을 위에 올려 냉장고에 넣어 두세요. 랩을 잘 씌운 상태로 냉장고에서 10일 정도 보관할 수 있습니다.

10 물로 가볍게 소금기를 닦아 내고 물기를 닦는다.

판자넬라
빵 샐러드

도둑 잡아라!
정말 언제 다 먹었는지, 만들어 둔 빵이
여름 채소와 함께 순식간에 사라지게 만드는
빵 도둑, 판자넬라입니다.

원래 이 빵 샐러드, 판자넬라는
이탈리아의 토스카나 지방에서 마른 빵을 버리지 않고 불린 뒤
토마토와 함께 여름 채소 샐러드로 먹는 요리인데요.

이 레시피는 오리지널 버전이라기보다 요즘 스타일로
빵을 올리브오일로 바삭하게 구워
말 그대로 토마토에 흠뻑 적신 빵 샐러드처럼 만들어 봤습니다.
딱 사과식초 맛으로 여름에 먹으면 반짝하고 기운이 나는 맛있는 요리랍니다.

COOKING TIP
□ 우리가 새콤한 비빔면을 더 맛있게 먹겠다고 라임, 레몬 등을 넣지 않듯이
판자넬라가 새콤한 요리라고 해서 레몬, 라임 등을 넣지는 마세요.

재료(4인분)

빵(바게트) ½개(350g), 적양파 90g, 토마토 220g, 오이 200g,
블랙올리브 6~8알, 바질 잎 8장, 구운 잣 또는 견과류(생략 가능),
식초 20㎖, 물 20㎖, 설탕 ½큰술

소스
올리브오일 30㎖, 식초 60㎖, 소금·후추 약간씩

COOKING TIP
□ 빵은 노릇하게 굽고, 적양파는 슬라이스하여 준비합니다.

RECIPE

깍둑썰기로 자른 빵을 프라이팬이나 오븐에서 노릇하게 굽는다.

식초, 물, 설탕을 넣어 섞은 후 얇게 슬라이스한 적양파를 넣어 매운 기를 빼고 새콤달콤한 향을 입힌다.

토마토를 갈라 씨를 뺀다.

토마토를 먹기 좋은 크기로 썰어 접시에 담는다.

05 오이를 얇게 썰어 넣는다.

블랙올리브를 넣는다.

02에서 절인 양파를 넣는다.

취향에 맞게 구운 잣 또는 견과류를 넣는다.

노릇하게 구운 빵을 올린다.

바질은 칼이 닿으면 바로 까매지니 손으로 찢어 넣고, 소스 (올리브오일, 소금, 식초, 후추 섞은 것)를 뿌린 후 섞는다.

COOKING TIP
□ 요리 후 반드시 30분 정도 실온이나 냉장고에 두었다가 드세요. 숙성 여부가 맛에 미치는 영향이 아주 크답니다.

안초비 브루스케타 3종

이탈리아 멸치 한 마리로 한 끼 요리가 훌륭해진다고?

에게게….
멸치 육수를 낼 때도 멸치를 열댓 마리는 넣어야
감칠맛 나는 육수가 우러나오는 법인데
한두 마리로 뭘 만든다고요.
그것도 심지어 버터, 치즈와 함께라니.
하지만 걱정 마세요. 멸치 요리의 신세계를 맛볼 수 있답니다!

짭짤한 안초비의 고소함과
고급스러운 감칠맛만 남는 마법을 경험하고 싶으시다면
꼭 한번 만들어 보셔야 해요.
한 끼 요리라고 간단하게 표현하기엔 너무 아쉬운 훌륭한 맛이니까요.

―――――――――― 첫 번째 레시피 ――――――――――

재료(1인분)

바게트 자른 것 1개, 안초비 1마리, 버터 ½큰술

RECIPE

01 바게트를 살짝 굽고 완전히 식힌다.
02 버터를 두툼하게 바른다.
03 안초비를 위에 올린다.

ANTIPASTI · 전채 요리

두 번째 레시피

재료(1인분)

바게트 자른 것 1개, 안초비 1~2마리, 양상추 2장,
달걀(반숙) ½개, 버터 1큰술, 소금·후추 약간씩

RECIPE

01 바게트를 노릇하게 살짝 굽는다.
02 바게트를 완전히 식혀서 위에 바를 버터가 녹지 않게 한다.
03 버터를 바르고 양상추를 올린 뒤 반숙한 달걀을 올린다.
04 안초비를 위에 올린다.
05 소금과 후추를 뿌린다.

세 번째 레시피

재료(1인분)

바게트 자른 것 1개, 안초비 1~2마리,
부라타 치즈 ½개(50g), 올리브오일 약간

RECIPE

01 바게트를 살짝 굽고 완전히 식힌다.
02 부라타 치즈를 올린다.
03 안초비를 위에 올린다.
04 올리브오일을 살짝 뿌린다.

COOKING TIP
▢ 약간 매콤하면서 푸른 토마토 오일 향이 나는 올리브오일을 추천합니다.

옥수수 샐러드

한입 넣자마자
삼바든 보사노바든 경쾌한 운율에 맞춰 엉덩이를 들썩일 수밖에 없어서
마치 피서지에 와 있는 듯한 맛의 옥수수 샐러드.

가을이나 겨울에는 캔 옥수수를 사용해 만들어도 되지만,
여름엔 노오란 초당옥수수를 맛있게 쪄서 만들면
당장이라도 야자나무 아래에 서 있는 자신을 발견할 것만 같아요.

앗, 여긴 어디?
파아란 바다와 실크 같은 모래 위, 몰디브.

재료(4인분)

옥수수 2개, 홍피망 ½개, 청피망 ½개, 오이 1개, 적양파 1개,
토마토 1개, 바질 4장, 이탤리언 파슬리 2줄, 라임 제스트 적당량(라임 1개 분량)

소스

올리브오일 3~4큰술, 설탕 1큰술, 소금 ½작은술, 식초 5큰술

COOKING TIP

- 청피망과 홍피망은 맛이 달라요. 둘 다 쓰시길 추천합니다.
- 라임이 들어가야 오리지널의 맛을 낼 수 있으니 가급적 생략하지 마세요.
- 고수를 좋아한다면 바질 대신 고수를 넣어도 좋습니다.

RECIPE

01 옥수수를 삶는다.

02 홍피망, 청피망을 잘게 썰고 볼에 담는다.

03 오이를 잘게 썰어 넣는다. 이때 되도록 씨 부분은 제거한다.

적양파를 잘게 썰어 넣는다.

토마토를 잘라 넣는다.

바질과 이탤리언 파슬리를 잘게 썰어 넣는다.

삶은 옥수수를 넣고 섞는다.

COOKING TIP

- 이대로 끝난 게 아니에요. 적어도 한 시간 정도는 반드시 냉장고에서 숙성시켜 시원하게 드세요. 맛에 아주 큰 차이가 있답니다.
- 치킨윙이나 타코, 파히타, 스테이크와 함께 먹어도 잘 어울립니다.
- 이탤리언 파슬리 잎을 쓰고 나면 꼭 줄기가 남죠. 질긴 줄기는 생선 육수나 새우 육수로 해물 파스타를 만들 때 활용하세요. 해물의 맛을 시원하게 하는 데 도움이 된답니다.

준비해 둔 소스와 라임 제스트를 넣고 잘 섞는다.

가지 호박 피클

피클이라는 조금은 하찮은 이름을 갖다 붙이기엔
격이 다른 한여름 절임식 채소 '요리'입니다.

이탈리아의 대표 여름 채소인 가지와 호박을
허브와 함께 올리브오일 속에 꼭꼭 담아 두었다가,
쏟아부었던 여름철의 강렬한 태양이 그리울 때
지난 계절을 뒤돌아보듯이
하나씩 하나씩 꺼내 먹는답니다.

재료(10인분)

가지 500g, 호박 500g, 굵은소금 적당량

부재료

식초 350g, 드라이한 화이트와인 350g,
이탤리언 파슬리 1꼬집, 말린 오레가노 1꼬집,
민트 잎 1꼬집(생략 가능), 마늘 5~6알, 올리브오일 2큰술, 소금 약간

COOKING TIP

□ 민트 잎과 오레가노 허브를 넣으면 맛이 훨씬 좋아지니 가급적 생략하지 마세요.

RECIPE

01 먼저 가지를 세로로 길게 썰어 굵은소금에 미리 재어 둔다. 소쿠리에 두어서 수분을 뺀다.

02 호박도 가지와 같은 두께로 썰어 준다.

03 팬에 식초와 화이트와인을 넣고 팔팔 끓인 뒤, 가지와 호박을 넣고 1~2분 정도 데친다.

04 호박을 건져 내서 면포로 꾹꾹 눌러 수분을 제거한다. 그 후 자연스럽게 수분을 제거하기 위해 실온에 2시간 정도 둔다.

05 가지도 같은 방법으로 수분을 제거한다.

06 수분을 날려 살짝 꾸들꾸들해진 호박과 가지를 볼에 넣는다. 파슬리, 말린 오레가노, 민트 잎, 마늘을 취향껏 다져 넣고 소금을 뿌린다.

07 올리브오일을 두르고 서로 간과 향이 잘 배도록 30분 정도 두어서 숙성시킨다.

COOKING TIP
▫ 20~30분 정도 지나면 채소가 올리브오일을 흡수해서 올리브오일의 양이 줄어든 모습을 볼 수 있습니다. 올리브오일을 마저 조금 더 넣고 뚜껑을 꼭꼭 닫아 주세요.
▫ 남은 오일은 나중에 샐러드용 오일로 쓰셔도 됩니다.

08 병에 가지와 호박을 반 정도 넣고, 꾹꾹 눌러 가며 올리브오일을 조금씩 넣는다. 1분 정도 후에 가지와 호박을 마저 넣고 올리브오일로 채운다.

COOKING TIP
▫ 05의 과정까지 진행한 가지와 호박을 그릴에 한 번 구워 주면, 불향이 깊이 배어들어 더욱 맛있답니다.

ANTIPASTI · 전채 요리   61

감자 페스토 샐러드

감자샐러드를
왜 지금까지 마요네즈 범벅으로만 먹었을까?
이 요리를 맛보면 분명 그런 의문이 들 거예요.

포슬포슬 부드러운 감자 향이
거칠게 빻은 견과류와 향긋한 바질,
올리브오일과 더없이 잘 어우러져요.
감자 하나로 싱그러운 땅의 내음이 코끝까지 쑥 올라오는
우리 몸에도 좋은 훌륭한 한 끼랍니다.

재료(4인분)

감자 2개
바질 페스토 2큰술
올리브오일 2큰술
피스타치오 약간
파르메산 치즈 약간
소금 약간
후추 약간

RECIPE

01 감자를 찐다.
02 감자를 큼지막하게 깍둑썰기한다. 이때 버무리면서 부서질 수 있으니 너무 작게 자르지 않는다.
03 바질 페스토, 올리브오일, 소금, 후추를 넣고 버무린다.
04 피스타치오나 파르메산 치즈를 다져서 맨 위에 약간 뿌려 마무리한다.

COOKING TIP
☐ 감자 외에 데친 새우, 오징어 그리고 취향껏 토마토나 줄기콩을 올려도 훌륭한 감자샐러드가 됩니다.

토마토 로스트

백여 년 전에 일본의 한 박사가 다시마에서 감칠맛,
즉 '우마미'라고 불리는 맛을 발견하고
연구를 거듭해 만든 것이 '맛의 바탕'이란 의미의 미원이라고 해요.
이 감칠맛을 내는 식재료는 다시마뿐만 아니라
표고버섯, 가쓰오부시, 토마토에도 있다는 것을 발견했는데요.

토마토를 저온에서 오랜 시간 구우면
놀랍도록 딱 그 감칠맛만 남아요.
토마토 로스트는 샌드위치 안에 3조각 정도,
파스타에는 한 사람 기준 2~3조각씩,
샐러드에도 함께 담은 오일과 함께 넣어주면
말 그대로 허브 토마토 샐러드 소스가 된답니다.
완전 홈메이드 미원이에요.

재료(4인분)

토마토 10개
타임 2줄
로즈메리 2줄
마늘 2통
올리브오일 100㎖
소금 약간
후추 약간

RECIPE

01 토마토는 살짝 데치고 껍질을 벗긴다.
02 토마토를 반으로 자르고 올리브오일을 두른 오븐용 팬에 넣는다.
03 타임, 로즈메리, 마늘, 올리브오일, 소금, 후추를 넣고 140℃로 예열한 오븐에 2시간 30분에서 3시간 정도 굽는다. 중간에 한 번 뒤집어준다.
04 한 김 식힌 토마토 로스트를 팬의 올리브오일과 함께 병에 잘 넣어 두고 냉장고에서 일주일 정도, 냉동실에서 3개월 정도 보관 가능하다.

케이퍼소스 그릴 샐러드

오랫동안 묵은 김치의
입에 착착 감기는 감칠맛과 새콤한 맛만 남기고
오래 묵힌 쿰쿰한 냄새는 뺀….
그런 아삭아삭한 김치 맛 샐러드가 있을까요?

이 요리가 딱 그런 맛이에요.
견과류를 넣지 않았는데도
신기하게 고소하고 구수한 견과류의 맛까지 어우러지니
저만 믿고 만들어 보세요.

재료(2인분)

안초비 4~5마리,
로메인 2개, 케이퍼 8~10개,
식초 1큰술, 마요네즈 1큰술,
올리브오일 적당량, 후추 약간

COOKING TIP
▫ 케이퍼는 다져서 준비합니다.

RECIPE

01 깨끗이 잘 씻은 로메인을 작은 것은 2등분, 큰 것은 4등분한다.

02 뜨겁게 달군 팬에 넣고 그릴 자국이 나도록 구워 준다.

03 그릴한 로메인을 접시에 잘 펴놓는다.

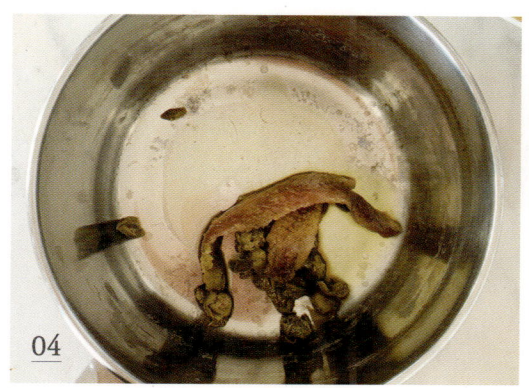
작은 팬에 안초비와 다진 케이퍼를 넣는다.

올리브오일을 살짝 두른다.

안초비가 녹을 때까지 아주 약한 불에서 저어 주고, 안초비가 완전히 녹으면 식초를 넣는다.

마요네즈를 넣는다. 농도 조절이 필요하면 올리브오일을 조금 넣어 흐르는 듯한 농도로 만든다.

그릴한 로메인 위에 만들어 둔 소스를 얹고 그 위에 취향껏 케이퍼, 후추를 뿌려 준다.

COOKING TIP
- 이 로메인 상추 요리는 그릴한 잔열이 채소를 안까지 익혀 바삭해진 식감이 돋보이는 채소 요리입니다.
- 그릴한 팬의 온도가 너무 낮으면 채소가 푹 죽어 식감도 모양도 안 좋아지므로 뜨겁게 달군 그릴팬에서 구워야 합니다.
- 안초비는 강한 불에서 익히면 사방으로 흩어집니다, 반드시 약한 불에서 천천히 안초비를 녹이세요.

근대감자줄기콩 볶음

이탈리아 반찬 요리

우리나라에서 반찬은 주로 밥과 함께 곁들여 먹는 음식인데요.
어떨 땐 주요리보다 밥반찬이 더 맛있는 곳, 정성이 담긴 곳,
엄마가 만들어 주신 것 같은 맛있는 반찬집을 일부러 찾아다니곤 합니다.

이탈리아에도 주요리와 곁들여 먹는 반찬이라는 게 있답니다.
이탈리아식 반찬, 근대와 감자 요리입니다.
양념이라곤 올리브오일과 소금밖에 없어요.
질 좋은 요리용 올리브오일 하나가 양념의 역할을 다하니까요.

재료(4인분)

감자 2개
근대(또는 푸른 잎 채소) 10개
마늘 2알
올리브오일 4큰술
소금 약간
후추 약간(생략 가능)

COOKING TIP
□ 마늘은 다져서 준비합니다.

RECIPE

01 끓는 물에 감자를 익힌다.
02 감자가 어느 정도 익었으면 근대 또는 푸른 잎 채소를 넣고 데친다.
03 다진 마늘과 올리브오일을 넉넉히 두른 팬에 물기를 체에 받쳐 뺀 감자와 채소들을 옮겨 담고, 5분 정도 볶아 준다. 이때 채소 끓인 물을 조금씩 넣어 주며 소금, 후추(생략 가능)로 간한다.

COOKING TIP
□ 팬에 올리브오일을 넉넉히 두르고 볶으면 맛이 더욱 구수해집니다.
□ 푸른 잎 채소는 근대뿐만 아니라 치커리, 시금치, 브로콜리 등도 좋습니다.

PRIMI PIATTI

첫 번째 접시, 파스타와 리소토

생파스타

일요일 오전,
국민 대부분이 가톨릭을 믿는 이탈리아에서는
성당의 종탑이 울리면 미사를 마치고 천천히 집으로 향합니다.

어떤 이들은 집에서 직접 파스타 면을 준비하지만,
어떤 이들은 말만 하면 원하는 모양으로 바로 찍고 잘라 주는
생파스타 가게에서 사 가기도 하지요.

앞치마와 머릿수건을 단단히 두른 주인장은
커다란 쟁반 모양의 종이접시에 달걀 넣고 반죽한 파스타를
모양대로 듬뿍 담고 종이로 곱게 싸서,
가는 동안 흔들리지 않도록 단단히 끈으로 여며 줍니다.
"부오나 도메니카(즐거운 일요일 보내시길)!"

일요일 오후,
진한 라구를 오랫동안 끓이고 생파스타를 준비하는 것은
그들에겐 가족과의 식사 시간을 위한 가장 가치 있는 일이랍니다.

재료(4인분)

밀가루(강력분 또는 중력분) 400g
달걀 4개

COOKING TIP

☐ 1인당 달걀 1개, 밀가루 100g이라고 생각하면 쉽답니다.

RECIPE

01

볼에 담은 밀가루를 산 모양으로 쌓고, 가운데에 홈을 낸다.

02

홈에 달걀을 넣는다.

03

포크로 조금씩 섞어 가며 반죽한다.

04

한 덩어리 반죽으로 만들고, 부드러워질 때까지 계속 반죽한다.

05

반죽에 랩을 씌우고 실온에서 30분 정도 숙성시킨 후, 얇게 밀어 원하는 모양으로 만든다.

라비올리

서로 들러붙지 말라며
세몰리나 가루를 듬뿍 뿌리는 엄마의 손과,
아직 익지 않은 라비올리의 리코타 속을 한입 먹겠다며
바쁜 엄마 소매를 잡아당기는 아이들의 손.
바질을 듬뿍 넣은 빨간 토마토소스가 보글보글 끓어오르는 냄비에
이따금 느린 걸음을 끌고 가 소스를 저으며 간을 보는 할머니.

3대를 내려오며
시간이 지나도 변하지 않는 레시피로
이탈리아 만두, 라비올리를 만드는 포근한 풍경.

재료(4인분)

토마토소스(p.110 또는 p.128 참조) 또는 토마토 라구소스(p.120 참조) 500g

생파스타
밀가루(강력분 또는 중력분) 300g, 달걀 3개

속 재료
시금치 250g, 리코타 치즈 150g, 파르메산 치즈 50g,
육두구(넛멕) 약간(생략 가능), 올리브오일 적당량, 소금 1꼬집, 후추 약간

COOKING TIP
□ 생파스타를 만들어 준비합니다(p.76 참고).
□ 시금치는 데치고 육두구는 갈아서 준비합니다.

RECIPE

01 팬에 올리브오일을 살짝 두른다.

02 시금치를 넣고 볶다가 숨이 죽기 시작하면 뚜껑을 닫고 완전히 부드러워질 때까지 익힌다.

03 물기를 완전히 뺀 시금치와 육두구, 리코타 치즈, 파르메산 치즈를 볼에 넣는다.

04 소금, 후추로 살짝 간을 하고, 속을 골고루 섞는다.

05 만들어 둔 생파스타에 속을 1큰술 정도 올린다.

06

속을 나란히 놓는다.

07

반으로 접어 리코타 속을 고정하며 면과 면 사이를 손으로 꾹 눌러 준다.

08

반달 모양으로 자른다.

09

끓는 물에 2분 정도 익힌다.

10

토마토소스 또는 토마토 라구소스에 라비올리를 섞고 마지막에 파르메산 치즈를 갈아 준 뒤 올리브오일을 한 바퀴 두른다.

뇨키

넉넉한 몸매에 소매 없는 풍성한 리넨 원피스를 입고
바짝 다린 하얀 앞치마에는 밀가루 소복하게 묻힌 채
반죽 밀대를 다루는 팔뚝에서 억센 힘이 느껴집니다.
반죽을 알알이 작게 자르고 포크로 모양내어
던지듯이 밀가루 쟁반으로 옮겨 담는 재빠른 손놀림은
창밖의 뜨거운 햇볕도 주춤하게 만들지요.

감자가 한창 맛있는 이탈리아의 여름날,
뇨키 만드는 풍경.

이탈리아 사람들은 주식인 파스타가 질리는 날에는
감자 하나를 포슬포슬하게 삶고 밀가루, 달걀과 섞어 반죽을 만들어 둡니다.
그러면 버섯 듬뿍 올린 소스나 오랫동안 끓인 라구소스, 해물소스와도 어울리고
루콜라 같은 채소와도 너무나 잘 어울리는 한 끼가 완성!
무심히 준비한 감자 한 알이 특별해지는
뇨키 요리입니다.

재료(4인분)

강력분 300g
감자 1,000g
달걀 1개(생략 가능)
소금 1꼬집

COOKING TIP

☐ 달걀을 생략한다면 밀가루를 50g 추가하여 총 350g을 넣으세요.

RECIPE

01

감자는 껍질째 삶는다.

02

껍질을 벗긴다.

COOKING TIP
☐ 감자를 포크로 꽂아서 껍질을 벗기면 뜨겁지 않습니다.

03

감자를 으깬다.

04

감자가 한 김 식으면 밀가루와 섞어 산 모양으로 만들고 가운데에 홈을 낸다. 그 안에 달걀(생략 가능), 소금을 넣는다.

05

잘 섞어 반죽 한 덩어리로 만든다.

06
반죽을 두툼하게 밀고 길게 자른다.

07
반죽을 둥글려 준다.

08
사선으로 자른다.

09
뇨키 전용판에 뇨키를 둥글리거나 포크로 굴려 모양을 낸다(생략 가능).

COOKING TIP
☐ 완성한 뇨키 반죽을 익힐 때는 끓는 물에 넣고 삶다가, 하나둘씩 떠오르기 시작하면 건져 냅니다.

10
덧밀가루를 뿌려 서로 달라붙지 않게 한다.

PRIMI PIATTI · 첫 번째 접시, 파스타와 리소토   87

고르곤졸라와 시금치 뇨키

풍뒤처럼 부드러운 고르곤졸라 크림과
간혹 코끝을 경쾌하게 스치는 매콤한 후추 향,
그리고 벨벳 같은 달콤한 부드러움에
불현듯 싱그러운 존재감을 드러내는 쫄깃한 시금치 뇨키.

한입 넣고 오물오물 씹다 보면
마치 기승전결이 담긴
한 편의 드라마가 스치는 듯하답니다.

재료(4~5인분)

시금치 뇨키
밀가루 250g(반죽용 200g, 덧밀가루용 50g)
감자 700g
시금치 400g
소금 1꼬집

고르곤졸라 크림
고르곤졸라 치즈(돌체) 150~200g
파르메산 치즈 20g
버터 20g
우유 100㎖
소금 약간
후추 약간

RECIPE

01 감자는 삶아 한 김 식힌다.
02 시금치는 데치고 물기를 완전히 제거한 뒤 잘게 다진다.
03 감자를 으깨고 시금치, 밀가루, 소금과 섞어 한 덩어리로 반죽한다.
04 반죽을 길게 늘여 한입 크기로 자른다.
05 진반죽이므로 덧밀가루를 충분히 입힌다.
06 고르곤졸라 치즈를 팬에 넣어 녹이고 우유를 조금씩 넣으며 농도를 조절한다. 이때 파르메산 치즈, 버터도 함께 넣는다.
07 05의 뇨키를 끓는 물에 넣고 익히다가, 끓는 물 위로 하나둘씩 떠오르기 시작하면 건져서 06의 소스에 섞는다. 소스 농도는 면수로 조절한다.
08 후추를 조금 뿌려 완성한다.

COOKING TIP
□ 고르곤졸라는 단맛의 돌체(dolce)와 매운맛의 피칸테(picante)가 있는데, 이 요리에는 반드시 돌체를 사용하세요.

아마트리치아나

특별한 재료가 없는 날,
숭덩숭덩 자른 베이컨에 양념 하나 없이 순수 100퍼센트 토마토소스만 넣고
맛있게 졸여 토마토 파스타를 해 먹곤 하는데요.

베이컨에 토마토소스를 부어 끓인 간단한 요리 같지만
디테일 한 끗 차이로 맛이 달라지는 대표적인 로마식 파스타입니다.

이 파스타를 먹어 보겠다고 로마의 고급 레스토랑에 가도
막상 맛있게 하는 곳도, 맛없게 하는 곳도 찾기 어려워요.
학교 시험에서도 실력의 변별력을 가리기 힘든 문제 유형들이 있잖아요.
한마디로 딱 그런 파스타.
집에서 좋은 재료로 정성스럽게 만들어야 최고의 맛이 나는 파스타랍니다.

한여름엔 치즈 대신 송송 썬 청양고추를 살짝 섞어 먹어도 별미죠.
청양고추의 매운맛에 더위까지 얼얼~
한여름에 더 맛있는 토마토 파스타, 아마트리치아나입니다.

재료(2인분)

스파게티 또는 부카티니 200g,
베이컨 2줄, 양파 ¼개,
화이트와인 25㎖, 토마토소스 200㎖,
페코리노 또는 파르메산 치즈 30g,
올리브오일 적당량, 소금·후추 약간씩

COOKING TIP
☐ 파스타 면은 삶고, 양파는 다져서 준비합니다.

RECIPE

01

올리브오일을 두른 팬에 베이컨을 볶는다.

02

베이컨이 노릇해지기 시작하면 잘게 다진 양파를 넣는다.

03

화이트와인을 넣고 볶으며 와인의 알코올기를 날린다.

04

베이컨을 다른 접시에 옮겨 담아 둔다.

05

같은 팬에 토마토소스를 넣고 중불에서 끓인다.

06

팔팔 끓기 시작하면 불을 살짝 줄이고, 소스가 자작해질 때까지 계속 끓인다. 마지막에 옮겨 두었던 베이컨을 넣는다.

07

삶은 파스타를 넣어 소스와 버무리고 치즈, 후추를 뿌린 후 접시에 담아낸다.

COOKING TIP

□ 토마토소스를 끓일 때는 중간중간 저어 주어야 팬에 눌어붙지 않습니다. 단, 너무 약불에서 끓이진 마세요. 소금은 토마토소스가 완성된 후 마지막에 간을 보면서 넣습니다.
□ 완성한 소스에 삶은 면을 옮기고, 면수를 조금씩 보충해 가며 소스의 농도와 간을 맞춥니다.

참치캔 파스타

얼마나 만만한 식재료인가요.
참치캔만 있으면
언제든지 맛있는 파스타를 만들 수 있으니까요.

이때 케이퍼와 올리브 그리고 몇 알의 토마토가 있어야 해요.
케이퍼와 토마토가 참치 맛을 감칠맛 나게 잡아 주고
올리브가 묵직하게 맛 표현을 해줘요.
이 정도면 조화로운 하모니의 악보 같은 조합이네요.

재료(2인분)

스파게티 또는 링귀네 200g,
참치캔 150g, 방울토마토 6알, 블랙올리브 6알,
마늘 1알 또는 양파 ¼개, 케이퍼 6개,
이탤리언 파슬리 1꼬집, 오레가노 1꼬집,
화이트와인(또는 면수나 채소 육수) 20㎖,
올리브오일 적당량, 소금·후추 적당량

COOKING TIP

□ 파스타 면은 삶아서 준비합니다.
□ 마늘 또는 양파, 블랙올리브, 케이퍼, 이탤리언 파슬리, 오레가노는 다져서 준비합니다.

RECIPE

올리브오일을 두른 팬에 다진 마늘 또는 다진 양파를 넣고 볶는다.

방울토마토를 잘라 넣는다.

방울토마토가 물러질 때까지 약중불에서 볶는다.

다진 블랙올리브와 케이퍼, 이탤리언 파슬리, 오레가노를 넣는다.

05

참치를 넣고 소금, 후추로 넉넉하게 간하며 어우러지게 볶는다.

06

화이트와인 또는 면수를 넣고 약불에서 5분 정도 더 끓인다.

07

완성한 소스에 익힌 파스타 면을 넣어 섞는다.

까르보나라

이탈리아는 1900년대에야 흩어진 주들이
겨우겨우 어떻게 마음을 모아서 통일된 나라입니다.
그래서인지 같은 나라임에도 불구하고 여전히 주마다
성격도 음식 색도 너무 달라, 다른 나라에 온 듯할 때가 있어요.

마치 제주도와 함경도를 붙여 놓은 것처럼
각기 다른 방언을 사용하며 여전히 서로를 이해하지 못하는 그들.
지금도 기회만 있으면 이탈리아의 남북 분리를 꿈꾸는 나라.

그럼에도 이 분열과 불통의 이탈리아 사람들을 한데 묶어 주는
범국민적 사랑을 받는 음식이 있으니,
바로 까르보나라입니다.

사실 까르보나라는 이탈리아 사람들뿐만 아니라
전 세계인들을 하나로 묶어 주는
거부할 수 없는 음식 아닐까요?

재료(4인분)

스파게티 파스타 280g
페코리노 치즈 30g
파르메산 또는 그라나 파다노 치즈 20g
달걀노른자 4알(1인분당 1알)
베이컨 8줄(돼지 볼살인 관찰레일 경우 160g)
올리브오일 2큰술(관찰레일 경우 생략)
후추 약간

COOKING TIP

☐ 스파게티는 삶아서 준비합니다.

RECIPE

01

페코리노 치즈, 파르메산 또는 그라나 파다노 치즈를 갈아 둔다.

02

볼에 실온에 두었던 달걀의 노른자를 분리한다.

03

볼에 후추와 갈아 둔 치즈를 넣는다.

04

포크로 잘 섞는다.

올리브오일을 두른 팬에 베이컨을 올려 노릇하게 굽는다. (관찰레일 경우 오일을 두르지 않고 팬에 바로 굽는다.)

베이컨을 구운 팬에 삶은 파스타를 바로 건져내어 넣고 섞는다.

유리볼에 04의 치즈소스와 면을 넣고 합친다.

스파게티를 삶았던 냄비 위에 유리볼을 올리고, 잔열로 치즈소스가 부드러워지도록 잘 섞는다. 농도는 면수로 조절한다.

COOKING TIP

▫ 반드시 신선한 달걀을 사용하세요.
▫ 베이컨을 구운 팬이 너무 뜨거우면 스파게티를 옮길 때 팬에 면이 붙을 수 있습니다. 베이컨을 볶은 후 불을 끄고 적당한 온도일 때 스파게티를 넣어 섞으세요.
▫ 삶은 스파게티의 잔열과 냄비의 뜨거운 수증기를 이용해 달걀을 중탕하듯이 익혀 소스를 만드는 방법입니다. 냄비 위에 소스를 담은 볼을 올려 두면 열기에 의해 부드러운 크림소스처럼 된답니다.

푸타네스카

1900년대 전쟁이 끝나고 로마와 남부의 노동자들에게서 유래했다고 알려진
입안을 가득 채우는 탄수화물의 기쁨, 강렬한 유희의 파스타인 푸타네스카입니다.

"둘이나 셋 이상은 함께 사용하지 않을 만큼 이 향의 유희는
지나칠 정도로 자극적이다."라고 알려진 푸타네스카의 재료 덕분에
현대에 와서는 마성의 감칠맛이자 '핵조합 파스타'로 알려졌으니
고통 속에서 태어난 파스타가 지금의 우리에겐 기쁨이 되었습니다.

재료(2인분)

링귀네 200g, 안초비 4개,
마늘 2알, 매운 고추 1개(생략 가능),
올리브 50g, 케이퍼 1작은술,
토마토소스 200~250㎖,
이탤리언 파슬리 1줄(생략 가능),
올리브오일 적당량, 소금·후추 약간씩

RECIPE

01 올리브오일을 두른 팬에 다진 마늘을 넣고 볶는다.
02 반드시 약불에 안초비를 넣는다.
03 다진 매운 고추와 올리브, 케이퍼를 넣고 가볍게 볶는다.
04 토마토소스를 넣고 물을 조금 추가하여 5분 정도 끓인다.
05 삶은 링귀네를 넣어 잘 섞고 소금, 후추로 간한다.

COOKING TIP

- 많은 재료가 들어가므로 재료 넣는 순서에 유의하세요.
- 링귀네는 삶고 마늘, 매운 고추, 올리브, 케이퍼는 다져서 준비합니다.
- 안초비를 넣을 때 팬이 너무 뜨거우면 공기 중으로 다 흩어집니다. 안초비가 어느 정도 녹기 시작하면 나머지 재료를 넣어 주세요.
- 간은 제일 나중에 합니다. 소스가 자작해지면 이탤리언 파슬리나 안초비 액젓을 넣어도 좋습니다.

새우 바질 페스토 파스타

파스타가 한 장의 그림이며 재료가 물감이라고 한다면
서로 맑게 비치는 세 가지 색으로 보기에도 예쁜, 그림 같은 파스타를 만들어 보세요.
입안에 물들 듯이 차오르는 맛있는 향은 덤이지요.

우리가 잘 아는 알리오올리오 파스타에 감칠맛의 대명사 새우,
여름의 태양을 흠뻑 머금고 있는 바질 페스토까지.
상상하는 대로 그려지는 맛이랍니다.

재료(2인분)

쇼트 파스타 200g
새우 5마리
체리토마토 8알
마늘 2알
바질 페스토 1큰술
올리브오일 약간
소금 약간
후추 약간

RECIPE

01 올리브오일을 두른 팬에 다진 마늘을 넣고 볶는다.
02 자른 체리토마토를 넣고 물러질 때까지 약중불에서 볶는다.
03 새우를 넣고 소금으로 간하면서 볶는다.
04 삶은 파스타 면을 넣는다.
05 바질 페스토를 넣고 소금, 후추로 간한다.

COOKING TIP

☐ 쇼트 파스타 면은 삶고, 체리토마토는 자르고, 마늘은 다져서 준비합니다.

Tania의 크레이프 라자냐

미국에 처음 갔던 어린 시절,
디즈니랜드니 유니버설 스튜디오니 아이들 눈 돌아갈 만한 곳도 많았지만
저의 눈은 라자냐를 처음으로 맛본 순간 거기서 멈춰 버렸습니다.

용돈으로 장난감도 아닌 라자냐를 슈퍼에서 사서
전부 냉동시켜 귀국 가방에 차곡차곡 담던 초등학생.
열 살의 아이는 30년이 지나 이탈리아 친구 타니아(Tania)의 라자냐를 맛보고
그 시절을 떠올리게 되었답니다.

"내가 맛본 라자냐를 엄마에게 가져다주고 싶어.
맛있는 거 꼭꼭 싸서 다 알려 줄 거야."

재료(4인분)

토마토 라구소스 700㎖(p.120), 베샤멜소스 400㎖,
모차렐라 치즈 300g, 파르메산 치즈 60g

크레이프(16장 분량)

우유 500㎖, 밀가루 250g, 버터 녹인 것 40g, 달걀 4개, 소금 1꼬집

베샤멜소스

우유 400㎖, 밀가루 40g, 버터 40g, 육두구(넛멕) 1꼬집, 소금 1꼬집

COOKING TIP

☐ 토마토 라구소스를 만들어 준비합니다(p.120 참고, 파스타 면 제외).

RECIPE

크레이프

01 볼에 우유와 녹인 버터를 넣고 섞는다.
02 달걀, 소금을 믹서로 곱게 섞는다.
03 밀가루를 조금씩 넣어 가며 믹서로 섞는다.
04 팬에 반죽을 올리고 약불에서 얇게 부친다.

라자냐

01
오븐용 그릇에 토마토 라구소스를 깔고 크레이프를 1장 올린다.

02
다시 토마토 라구소스를 바르고 모차렐라 치즈, 베샤멜소스, 파르메산 치즈를 올린다. 같은 과정을 반복하여 5~6층 정도 쌓는다.

베샤멜소스

01 팬에 버터를 올리고 약불에서 녹인다.

02 밀가루를 넣고 색이 약간 노릇해질 때까지 볶는다.

03 우유를 조금씩 넣으면서 쉬지 않고 저어 준다. 크림수프처럼 크리미한 농도로 단단해지면 불을 끄고 육두구(넛멕)를 갈아 넣고 소금을 넣는다.

03 크레이프를 다시 1장 올리고 그 위에 모차렐라 치즈와 베샤멜소스, 파르메산 치즈를 올린다.

04 180℃로 예열한 오븐에서 윗면이 노릇해질 때까지 40~50분 정도 익힌다.

가지 라자냐

어린 시절, 상 위에서의 그 밋밋한 존재감에
한 젓가락질이나 할까 말까 했던 가지 요리.

마치 늘 있는 듯 없는 듯했던 친구가
뜨거운 연인이 되어 준 듯한 가지의 치명적인 변신!

전처리에 따라 가지에서 달콤한
감칠맛이 올라오는 데다 식감도 쫄깃해져요.
거기에 고소한 치즈와 새콤한 토마토소스까지 더한
여름 요리의 왕중왕! 가지 라자냐를 만들어 보세요.

재료(4인분)

가지 800g, 모차렐라 치즈 300g, 파르메산 치즈 60~70g,
굵은소금 1작은술, 올리브오일 또는 튀김용 오일 적당량

토마토소스 재료

토마토소스 700㎖, 양파 ¼개, 마늘 1~2알, 바질 8장,
올리브오일 적당량, 소금·후추 약간씩

RECIPE

냄비에 올리브오일을 두르고 토마토소스를 넣는다. 뒤이어 양파, 마늘, 바질, 소금, 후추를 넣고 15~20분간 끓여 소스를 만든다.

가지를 0.5cm 두께로 썬다.

굵은소금을 뿌리고 잘 섞은 다음 꾹 눌러 준다.

가지에서 나온 물기를 뺀다.

가지에 남은 수분을 손으로 짠다.

06 요리용 면포에 가지를 올려 두어 수분을 모두 제거한다.

07

수분을 제거한 가지를 기름에 튀기고, 키친타월에 올려 기름기를 바짝 뺀다.

08

오븐용 팬에 토마토소스를 넉넉히 두르고 튀긴 가지를 올린다.

09

튀긴 가지 위에 토마토소스를 넉넉히 바른다.

10

모차렐라 치즈와 파르메산 치즈를 골고루 올린다.

11

과정을 반복하여 4~5층 정도 쌓고, 180℃로 예열한 오븐에 45분 정도 구워 준다.

COOKING TIP

☐ 이탈리아 요리를 할 때는 가지의 전처리 과정이 매우 중요합니다. 가지를 튀기는 대신 전처리한 가지를 그릴팬에 구워 요리해도 됩니다.

☐ 굵은소금을 뿌려서 가지의 수분을 제거하고 쓰고 떫은맛을 덜어내면 가지의 가장 맛있는 맛만 남게 되지요.

☐ 중간중간 바질 잎을 통째로 토마토소스와 함께 깔면서 만들어 보세요. 진한 여름 바질향이 가지와 정말 잘 어울린답니다.

가지말이 파스타

전기나 스마트폰의 발명만 위대한 발명인 건 아니에요.
누가 발명했는지,
전기의 발명만큼이나 감탄이 나오는 그런 파스타입니다.
튀기거나 구운 가지에 모차렐라 치즈 듬뿍 채워
파스타 넣고 돌돌 말면
먹는 동안 시간 가는 줄을 몰라요.

재료(4인분)

토마토 라구소스

토마토소스 700㎖, 고기 간 것 300g,
마늘 1알, 양파 ¼개, 당근 ¼개, 셀러리 ⅓대,
화이트와인 50㎖, 바질 잎 4장, 소금·후추 약간씩

가지말이

스파게티 또는 링귀네 300g, 밀가루 적당량, 가지 4개,
모차렐라 치즈 300g, 파르메산 치즈 60g,
바질 잎 20장, 튀김용 오일 적당량, 소금 적당량

COOKING TIP

□ 파스타 면은 삶고 마늘, 양파, 당근, 셀러리는 다져서 준비합니다.

RECIPE

잘게 다진 마늘, 양파, 당근, 셀러리를 냄비에 넣고 볶는다.

팬에 간 고기를 넣고 볶는다.

화이트와인을 넣고 볶으며 알코올기를 날려 준다.

토마토소스를 넣고 약불에서 30분 정도 끓인다. 바질 잎을 추가해 약불에서 5분 정도 더 끓여 바질 향이 강한 토마토소스를 만든다.

오븐용 팬에 토마토소스 2큰술 정도를 골고루 얇게 펴 담는다.

가지를 약 5mm 두께로 자른다.

소금에 절여 10분 정도 둔다.

밀가루를 입히고, 오일을 두른 팬에서 밀가루만 슬쩍 익을 정도로 가볍게 부친다.

PRIMI PIATTI · 첫 번째 접시, 파스타와 리소토

09 가지를 키친타월에 올려 기름기를 제거한다.

10 삶은 파스타 면에 토마토소스의 2/3 정도를 넣고 잘 섞는다.

11 가지 2장을 겹치고 그 위에 소스에 버무린 파스타를 올린다.

모차렐라 치즈, 파르메산 치즈, 바질 순으로 올리고 돌돌 말아 준다.

토마토소스를 팬에 적당량 덜어 얇게 깔고, 가지 만 것을 올린다.

남은 토마토소스를 넉넉하게 올리고 모차렐라 치즈와 파르메산 치즈를 뿌린 다음, 180℃로 예열한 오븐에 약 40분간 노릇해지도록 굽는다.

토마토 라구 파스타

원래 하얀색이었던 라구소스가 할머니의 할머니,
또 그 할머니 대에서 내려오면서 토마토가 추가되어 붉어졌고,
맛있는 라구소스가 또 대를 이어 내려오면서
면 사이에 라구소스를 켜켜이 넣은
'라자냐'라는 요리로 재탄생했답니다.

지금의 나를 위한, 내 가족을 위한 이 요리가
예측할 수 없는 얼마간의 시간이 지나 어떤 요리로 바뀔지 모르니
우리는 그저, 오늘 정성 들여 맛있게 요리해 먹는 일에 대충일 수 없습니다.

이 라구 파스타는 아주 오래전부터 볼로냐 지방에서 내려오던 레시피를
볼로냐 상공회의소에서 1982년에 정식 등록한,
볼로냐의 전통 토마토 라구소스를 조금 현대적인 입맛으로 변형한 레시피입니다.

재료(4인분)

탈리아텔레 320g, 소고기 간 것 300g,
토마토소스 700㎖,
양파 ½개, 셀러리 ⅓대, 당근 ½개, 마늘 1알(생략 가능),
드라이한 화이트와인 70㎖, 우유 40㎖,
로즈메리 1줄(생략 가능), 월계수 잎 1장(생략 가능),
올리브오일 3큰술, 물 약간, 소금·후추 약간씩

COOKING TIP
□ 탈리아텔레는 삶고 마늘, 양파, 셀러리, 당근은 다져서 준비합니다.

RECIPE

01 팬에 올리브오일을 넉넉히 두른다.

02 다진 마늘, 양파, 셀러리를 넣는다.

03 다진 당근을 넣고 채소가 투명해질 때까지 볶아 준다.

04 간 소고기를 넣는다.

05 고기를 바싹 볶는다.

COOKING TIP
☐ 반드시 바싹 볶아야 나중에 고기 누린내가 나지 않아요.

06

고기의 겉이 다 익으면 화이트와인을 넣고 고기의 수분이 완전히 없어져 바싹 소리가 날 때까지 볶는다.

07

우유를 넣어 고기를 촉촉하게 만든다.

08

토마토소스를 넣는다.

09

토마토소스의 당도 때문에 냄비 바닥에 눌어붙을 수 있으니, 물을 조금씩 보충해 가며 끓인다.

10 소금, 후추, 로즈메리, 월계수 잎을 넣고 약 2시간 동안 끓여 라구를 완성한 다음, 삶은 파스타 면과 잘 섞어 접시에 담아낸다.

비건 까르보나라

이탈리아 친구의 어머니 댁에 초대받았어요.
우리가 김장철에 모여 장 만들고 김치 만들듯이,
여름의 막바지에 이탈리아 사람들은
일 년 내내 먹을 토마토소스를 새벽부터 밤까지 함께 만드는데요.
사실 초대라기보다는 토마토소스 만드는 법을 배우고 싶어
일손을 돕겠다고 자청해 찾아갔습니다.

점심으로는 까르보나라를 해주셨어요.
이른 새벽부터 그래도 일이라는 걸 했으니
고소한 치즈와 육즙 가득한 베이컨으로 만든 까르보나라가 너무 반갑습니다.

앗, 한참을 맛있게 먹다 보니
이 까르보나라에는 베이컨이 없네요! 그런데 어떻게 이렇게 맛있지?
그만큼 베이컨의 존재가 전혀 아쉽지 않은
호박 까르보나라를 만들어 보세요.

재료(2인분)

스파게티 200g,
주키니 또는 호박 ½개, 마늘 1알,
파르메산 치즈 20g, 페코리노 치즈 20g,
면수 적당량, 올리브오일 적당량,
달걀노른자 2알, 소금·후추 약간씩

COOKING TIP

□ 페코리노 치즈 대신 파르메산 또는 그라나 파다노 치즈를 사용해도 됩니다.
□ 스파게티는 삶고, 주키니 또는 호박은 강판에 갈고, 마늘은 다져서 준비합니다.

RECIPE

01

팬에 올리브오일을 넉넉히 두른다.

02

다진 마늘을 넣고 볶는다.

03

강판에 간 주키니 또는 호박을 넣고
소금, 후추로 간하며 볶는다.

면수를 넣고 끓인다.

수분이 어느 정도 날아가 자작한 농도가 되면 불을 끈다.

볼에 페코리노 치즈, 파르메산 치즈를 갈아 넣고 달걀노른자도 넣어 섞는다.

호박을 볶은 팬에 삶은 스파게티를 옮기고 06의 재료를 넣은 다음 잘 섞는다.

COOKING TIP

☐ 호박은 칼이 아닌 강판으로 거칠게 갈아 주세요. 강판에 얇게 밀린 호박의 끝부분이 함께 녹으면서 좀 더 촉촉하고 크리미한 느낌의 소스가 완성됩니다.

여름 토마토 파스타

여름날의 점심시간.
이탈리아의 마을 길을 걷다가 밥시간이 되면 우리에게 익숙한,
마치 엄마가 밥 짓는 듯한 집밥 냄새가 납니다.
지글지글한 올리브오일에 여름 토마토 볶는 정겨운 감칠 향.

집밥 냄새는
재료를 떠나, 장소를 떠나,
시간이라는 것도 떠나
어디나 비슷한가 봅니다.

넉넉히 두른 올리브오일에 양파와 다른 여름 채소를 볶다가
토마토를 튀기듯이 익혀 낸 토마토소스로 만든 파스타.
감칠 향이 담장 너머 저 멀리까지 솔솔 넘어가는,
이탈리아 엄마만 만들 수 있는 집밥을 맛보세요!

재료(2인분)

탈리아텔레 또는 스파게티 200g,
완숙 토마토 2개, 양파 다진 것 3큰술, 당근 다진 것 2큰술,
셀러리 다진 것 2큰술, 청피망 또는 홍피망 다진 것 1큰술,
마늘 1알, 바질 잎 7~8장,
올리브오일 5큰술, 소금·후추 약간씩

COOKING TIP
□ 파스타 면은 삶고 마늘은 다져서 준비합니다.
□ 완숙 토마토는 살짝 데치고 껍질을 벗겨 잘라 둡니다.

RECIPE

01

02

팬에 올리브오일을 넉넉히 두르고, 토마토를 제외한 채소들을 넣고 볶는다.

채소들이 익으면서 살짝 투명해지면 바로 토마토와 바질을 넣는다. 센 불에서 올리브오일로 튀기듯이 익힌 다음 소금, 후추로 간한다.

COOKING TIP
☐ 토마토 껍질을 벗길 때는 토마토에 십자 모양으로 칼집을 내고 끓는 물에서 15~20초 굴려 데치면 됩니다.

03

04

토마토가 어느 정도 볶아져 물러지려고 하면 뚜껑을 닫고 약불에서 30분간 익힌다.

파스타 면을 넣고 잘 섞은 다음 접시에 담아낸다.

COOKING TIP
☐ 뚜껑을 닫고 익힐 때 토마토가 눌어붙을 수 있으니 중간중간 저어 주세요.

브로콜리니 알리오올리오

이탈리아에는 이런 이야기를 담은 오래된 곡이 있습니다.
잠에서 깬 아이가 엄마에게 "본조르노!" 하고 아침 인사를 건네자,
엄마가 창가의 커튼을 닫으며
"아가, 더 자렴. 아직도 별이 반짝이는 어두운 밤이란다."라고 했다고요.

아빠는 전쟁터에 나가고 가난한 엄마가 할 수 있는 건
배고픈 아이를 더 재우는 일뿐이던 당시의 비참한 현실.
낙천적이고 예술적인 국민성 때문에 잘 드러나지는 않지만
두 번의 세계 대전을 차례로 겪으며
빈곤하던 시절의 이탈리아에서 태어난 파스타가 알리오올리오입니다.

그때와 달리 지금 우리는 이 요리를 별미처럼 만들어 먹을 수 있으니
지나간 역사에 참으로 감사할 일입니다.

기다란 브로콜리니를 파스타와 돌돌 말아 먹으면
부드러운 면과 브로콜리니의 식감이 어우러져 풍미가 살아납니다.

재료(2인분)

스파게티 또는 링귀네 200g,
안초비 4~5마리, 마늘 4알,
브로콜리니 4~5줄, 올리브오일 적당량,
고추 오일 2큰술, 물 약간

COOKING TIP
□ 파스타 면은 삶고, 브로콜리니는 살짝 데쳐서 준비합니다.
□ 브로콜리니가 없다면 치커리 등 씁쓸한 맛이 나는 채소를 넣어도 잘 어울립니다.

RECIPE

01

팬에 고추 오일을 넉넉히 두르고, 반드시 약불에 마늘과 안초비를 넣고 볶는다.

02

살짝 데친 브로콜리니를 넣는다.

03
물을 조금 넣고 브로콜리니가 완전히 부드러워질 때까지 약불에서 익힌다.

04
삶은 파스타 면을 넣고 섞는다. 마지막에 고추 오일을 넣고 골고루 잘 섞은 뒤 간을 본다.

COOKING TIP
- 안초비를 팬에서 익힐 때는 반드시 약불로 녹이듯이 하세요. 센 불로 익히면 사방으로 재료가 튈 수 있습니다.
- 고추 오일을 두르면 훨씬 맛있어집니다.
- 소금 대신 안초비 액젓인 '콜라투라'로 마지막 간을 하면, 감칠맛과 더불어 안초비 특유의 달콤 짭짤한 맛이 올라온답니다.

목동의 리코타 치즈 파스타

수십 마리의 양들과 산골짜기에서 하루를 보내고
해가 지는 어둑한 저녁, 집에 돌아오는 목동의 손에는
오늘 그의 길동무들이 나누어 준 양젖 조금과,
양젖으로 만든 치즈 몇 덩어리가 들려 있었을 겁니다.

목동은 집 뒤꼍에 있는 채소를 따 와서 대충 썰고,
토마토소스를 넣어 걸쭉하게 끓이다가,
양젖으로 만든 리코타 치즈를 넣고 휘휘 저어 완성한 요리로
목초에서의 고단했던 하루를 채웁니다.

목동이 즐겨 먹는 파스타였다고 해서
목동의 파스타, 즉 '페코라라'라고 불리는 파스타입니다.

재료(2인분)

아넬리니 또는 쇼트 파스타 200g,
마늘 2알, 방울토마토 6알,
이탤리언 파슬리 1줄, 바질 잎 4장,
양파 ¼개, 가지 ¼개, 호박 ¼개, 피망 ¼개,
토마토소스 350㎖,
리코타 치즈 30g, 파르메산 치즈 약간,
올리브오일 적당량, 물 적당량

COOKING TIP

□ 파스타 면은 미리 삶아 두고, 방울토마토는 적당한 크기로 자릅니다.
□ 이탤리언 파슬리, 양파, 가지, 호박, 피망은 작게 다져서 준비합니다.

RECIPE

올리브오일을 넉넉히 두른 팬에 마늘을 넣고 볶는다.

다진 양파를 넣고 가볍게 볶는다.

자른 방울토마토, 다진 이탤리언 파슬리를 넣고 함께 볶는다.

나머지 다진 채소들을 모두 넣고 볶아 준다.

05 토마토소스를 넣는다.

06 끓기 시작하면 물을 한 국자 넣고, 약불에서 20분 정도 끓인다.

07 바질 잎을 잘게 찢어 넣고 5분 정도 끓인 후 불을 끈다.

08 리코타 치즈와 파르메산 치즈를 넣는다.

09 삶은 파스타 면을 넣고 간을 본다.

병아리콩 라구 파스타

우리가 두부 요리를 즐겨 먹듯이
이탈리아 사람들도 은근히 고기 향이 나는 렌틸콩 수프부터
삶은 강낭콩, 병아리콩과 채소를 버무린 샐러드,
라구소스 등으로 콩을 다양하게 활용해 먹는데요.

우리가 두부 요리를 먹고 오늘 비건 식사를 했다며 요란 떨지 않듯이
굳이 비건이라 거창하게 부르지 않아도
이탈리아에서는 별다른 찬이 없을 때 흔히 만들어 먹는 요리가
병아리콩 라구 파스타입니다.

병아리콩 라구 요리를 할 때는 이거 하나만 외우세요.
기본 채소와 더불어
렌틸콩에는 월계수, 병아리콩에는 로즈메리!
딱 이렇게만 들어가면 실패할 일이 없답니다.

재료(4인분)

쇼트 파스타 또는 스파게티 400g,
토마토소스 500㎖, 병아리콩 병조림 250g,
양파 ½개, 마늘 1알,
화이트와인 50㎖(생략 가능),
로즈메리 1~2줄, 이탤리언 파슬리 약간(생략 가능),
올리브오일 적당량, 소금·후추 약간씩

COOKING TIP
□ 파스타 면은 삶고 양파, 이탤리언 파슬리는 다져서 준비합니다.

RECIPE

01

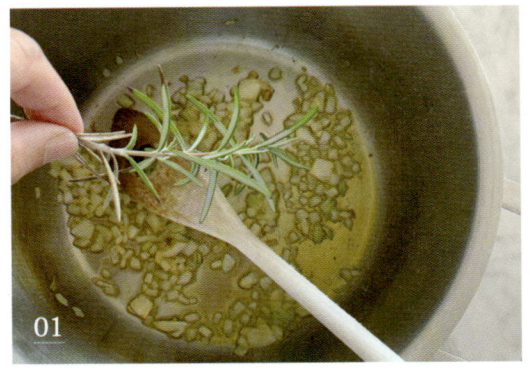

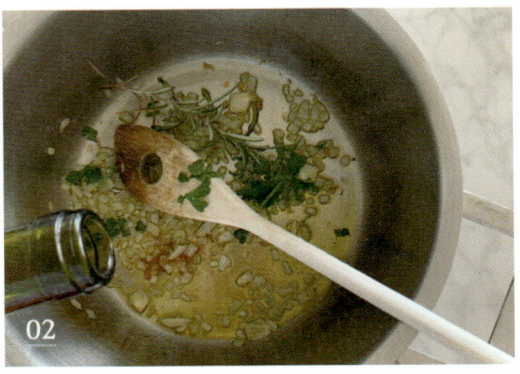

올리브오일을 두른 팬에 다진 양파를 넣고 볶다가 로즈메리를 넣는다.

02

화이트와인을 조금 넣고 볶으며 알코올기를 날린다.

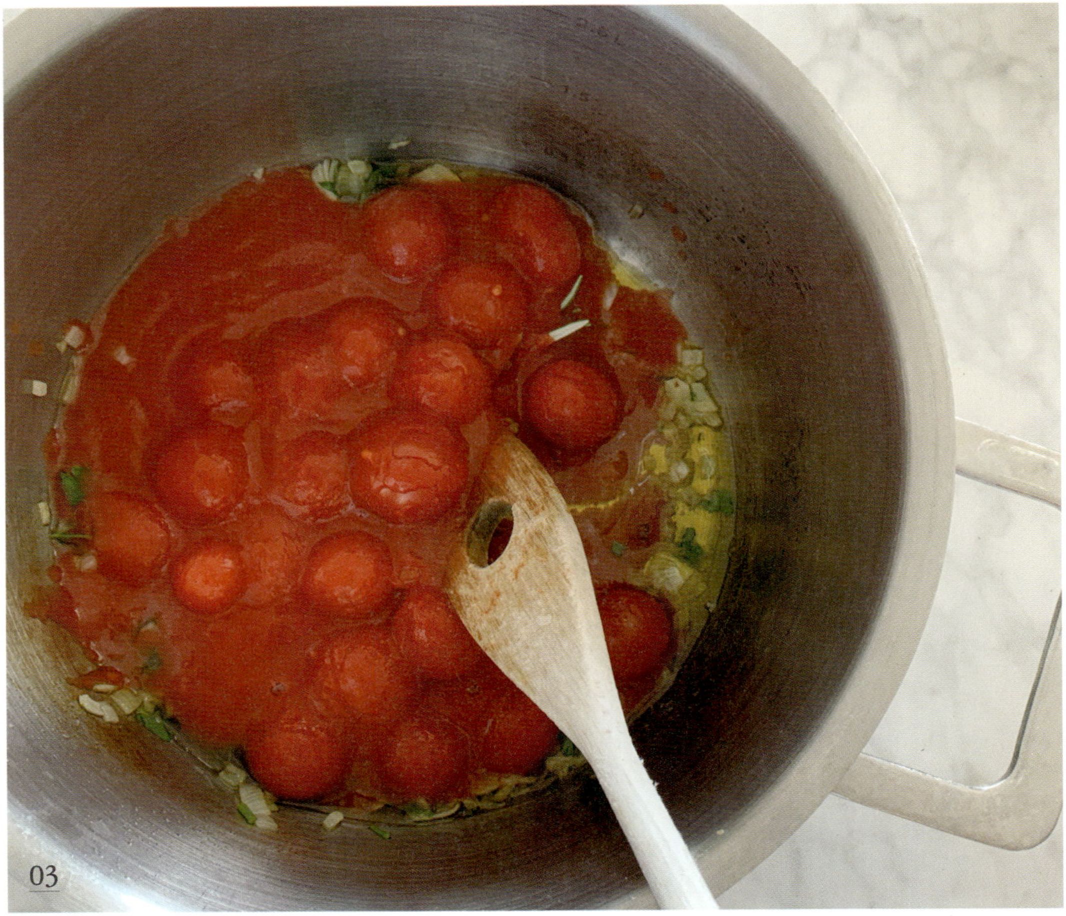

03

토마토소스를 넣는다.

마늘을 칼등으로 툭 쳐서 넣고 약불에서 20분 정도 끓인다.

병아리콩을 병조림 속의 육수와 함께 넣는다.

약불에서 20분 정도 더 끓인다.

소금, 후추로 간하고, 취향껏 다진 이탤리언 파슬리를 넣은 뒤 삶은 파스타를 넣고 섞는다.

COOKING TIP
□ 쇼트 파스타도 좋지만, 긴 스파게티를 손가락 마디 크기로 잘게 잘라 병아리콩 라구와 함께 떠먹어도 별미랍니다.

아스파라거스 카넬로니

맛이 전해지는 감동에도 강도가 있는 것 같습니다.
한입 온전히 다 털어 넣은 것도 아닌데,
겨우 포크의 일부만 입에 닿았을 뿐인데,
입에 닿자마자
아차! 하고 이 맛을 꼭 전달해 주고 싶은 누군가가 생각나서
맛의 감동보다는 아쉬움이 먼저 마음에 와닿는 맛.

순두부처럼 고소하고 보드랍게 속을 채웠는가 싶더니
오븐에 구워 응축된 소스의 감칠맛과
파스타 도우의 바삭함까지.

봄의 모든 향을 한데 끌어모은
아스파라거스 카넬로니입니다.

재료(4인분)

베샤멜소스(p.109), 라자냐 12~16장, 베이컨 또는 생햄 4장,
양파 ½개, 아스파라거스 500g, 토마토 1개(또는 토마토소스 5큰술),
리코타 치즈 500g, 모차렐라 치즈 60g, 파르메산 치즈 50g,
드라이한 화이트와인 50㎖,
물 약간, 소금·후추 약간씩

COOKING TIP
□ 베샤멜소스를 미리 만들어 준비해 주세요(p.109 참고).
□ 토마토는 으깨고 양파, 베이컨 또는 생햄은 다져서 준비합니다.
□ 아스파라거스는 약 1cm 길이로 작게 자르되, 여분 7~8줄 정도는 장식을 위해 남겨 두세요.

RECIPE

01 다진 양파, 베이컨 또는 생햄을 팬에 넣고 볶는다.

02 아스파라거스를 넣고 볶는다. 이때 여분 7~8줄 정도는 장식을 위해 남겨 둔다.

03 드라이한 화이트와인을 넣고 소금, 후추로 간한다. 양파가 완전히 보드라워질 때까지 물을 조금 넣고 약중불에서 끓인다.

04 모든 재료를 볼에 옮겨 담고, 리코타 치즈를 넣는다.

05 파르메산 치즈도 넣고 잘 섞어 속을 완성한다.

06 베샤멜소스를 팬에 바른다.

05에서 만들어 둔 속을 생면에 채워 넣는다.

김밥처럼 돌돌 말아 팬에 담는다.

팬에 다 채워 넣으면 위에 베샤멜소스를 넉넉하게 펴 바르듯이 올린다.

남겨 둔 아스파라거스 줄기를 올린다.

으깬 토마토를 군데군데 올린다.

모차렐라 치즈를 올리고, 카넬로니가 익는 동안 마르지 않게 드라이한 화이트와인 2큰술을 넣고 골고루 스미도록 팬을 기울인다. 마지막으로 파르메산 치즈를 뿌리고 180℃로 예열한 오븐에서 색이 노릇해질 때까지 20~25분 정도 굽는다.

왕소라 가지 파스타

가방에 좋아하는 것을 담듯이
상상하는 모든 재료를 채워 넣을 수 있는 왕소라 파스타.
주렁주렁 잘 익은 가지를 전처리하여 쫄깃하게 담아 봤습니다.

다음번에는 고기와 소스를 듬뿍 넣어도 좋고,
채소와 모차렐라 치즈를 두툼히 넣어도 좋고,
새우 한 마리 콕 박아도 좋겠죠.

다른 파스타보다 소스 비율이 넉넉해
입안에서 확 터지는 치즈와 소스의 양에 한 번 놀라고,
뭐든 담을 수 있을 것처럼 쫄깃하게 감싸는
왕소라 파스타 면의 능력에 두 번 놀라요.

다음 요리에는 여기에 무얼 담아 볼까, 상상하는 자신을 발견하실 거예요.

재료(2인분)

왕소라 파스타(콘킬리오니) 200g,
토마토소스 300㎖,
작은 가지 2개 또는 큰 가지 1개,
마늘 1알, 리코타 치즈 150g,
파르메산 치즈 30g, 모차렐라 치즈 125g,
올리브오일 적당량, 물 약간

COOKING TIP

☐ 왕소라 파스타는 삶고, 가지는 작게 잘라 준비합니다.

RECIPE

01 올리브오일을 두른 팬에 가지와 마늘을 넣는다.

02 가지가 노릇해질 때까지 볶는다.

03 토마토소스를 넣는다.

04 물을 조금씩 보충하며 약불에서 20분 정도 소스를 익힌다.

05 소스를 ¼ 정도 남기고 나머지는 볼에 덜어 낸다. 덜어 낸 소스에 리코타 치즈와 파르메산 치즈를 넣는다.

06

재료들을 잘 섞어 준다.

07

남겨 두었던 소스의 반을 오븐용 팬에 바른다.

08

익힌 왕소라 파스타 안에 06의 속을 채워 넣는다. 모차렐라 치즈도 한 조각씩 박아 넣고 오븐용 팬에 담는다.

09

남겨 두었던 소스를 맨 위에 모두 바르고, 모차렐라 치즈와 파르메산 치즈를 올린다. 180~200℃로 예열한 오븐에서 15~20분 정도 노릇하게 굽는다.

호박 봉골레 파스타

동서양 요리가 다른 듯하지만,
맛의 접점이 있기에 크게 다르지 않은 것도 같아요.
우리에게 마늘 툭 썰어 넣고 호박을 잘박하게 끓여 해물 액젓으로 간하는 여름 요리가 있듯이,
이탈리아에도 비슷한 맛의 파스타 요리가 있습니다.

최대한 얇게 채를 쳐서 넣은 호박과,
자기 몸을 녹여서 온 바다의 내음을 작정하고
쓸어 담아 온 듯한 조개 향이 어우러져
푸릇푸릇한 달콤한 향을 내는 호박 봉골레 파스타입니다.

마음속까지 전해지는 바다의 향으로 입맛을 온통 사로잡는,
심연의 파아란 맛을 입안 가득 품어 보세요.

재료(4인분)

링귀네 400g, 봉골레 또는 모시조개 400~500g,
호박 ½개, 마늘 1~2알,
화이트와인 50㎖,
면수 약간, 올리브오일 적당량

COOKING TIP

□ 링귀네는 삶고 조개는 해감하여 깨끗이 씻고 이탤리언 파슬리, 마늘은 다져서 준비합니다.
□ 호박은 칼로 작게 자르는 것보다 되도록 홈이 넓은 강판에 갈아 쓰면 좋아요.
호박의 단면이 강판에 갈리며 소스가 훨씬 부드러워진답니다.
□ 조개가 들어간 파스타는 소금 간을 하지 않습니다. 요리 마지막에 간을 보고 취향껏 소금 간을 하세요.

RECIPE

01

올리브오일을 넉넉히 두른 팬에 다진 마늘을 넣고 약불에서 볶아 향을 낸다.

02

호박을 거친 강판으로 갈아 팬에 넣고 볶는다.

03

호박이 부드러워지면 해감하고 깨끗이 씻은 조개를 넣고 볶는다.

05

먹기 좋도록 조개껍데기는 버리고 조갯살만 남긴다.

06

삶은 링귀네를 넣고 면수를 약간 넣어 잘 섞다가 마지막으로 올리브오일을 두른다.

04

조개가 입을 벌리기 시작하면 화이트와인을 넣고 볶으며 알코올기를 날린다.

오븐 파스타

이탈리아에서 기차를 타고 어디론가 가는데,
앞에 앉은 대학생쯤 되어 보이는 한 청년이
가방을 주섬주섬 열더니 뭔가를 하나 건네 줍니다.

은박지로 싸고 냅킨으로도 싸고
혹여 모양이 흐트러질까 랩으로 다시 싼 모양새를 보니,
딱 봐도 엄마가 싸준 겁니다.
한입 먹는 순간, 마주친 눈에 배시시 웃으며 하는 말.
"우리 엄마가 싸준 거예요…."
말 안 해도 아는데 말이에요.

포카치아, 파니니, 쌀 샐러드, 파스타 샐러드
그리고 치즈를 넣고 오븐으로 구운 파스타까지.
소풍, 짧은 여행, 캠핑 등에 자주 등장하는 이탈리아 요리이자
꽁꽁 야무지게 잘 싸서 가방에 고이 넣어 주는
엄마의 마음이, 그녀의 자리가 잔잔하게 빛나는 요리들입니다.

재료(4인분)

리가토니 또는 메조 리가토니 400g, 모차렐라 치즈 300g, 파르메산 치즈 60g

토마토소스

토마토소스 700㎖, 양파 ¼개, 당근 ⅓개, 셀러리 ⅕대, 청피망 ⅓개(생략 가능), 올리브오일 적당량, 물 적당량

미트볼

고기(소고기 또는 돼지고기와 섞은 소고기) 간 것 200g, 달걀 ½개, 파르메산 치즈 1큰술, 이탤리언 파슬리 약간, 소금·후추 약간씩

COOKING TIP

□ 토마토소스 700㎖가 들어가는 기본 채소 토마토소스 레시피입니다. 미트볼을 생략할 때는 이 소스만 넣어도 됩니다.
□ 파스타 면은 삶고 양파, 당근, 셀러리는 다져서 준비합니다.

RECIPE

팬에 올리브오일을 넉넉히 두른다.

다진 채소(양파, 당근, 셀러리, 청피망)를 넣고 향이 우러나오도록 볶는다.

토마토소스를 넣는다.

토마토소스의 약 1/8의 물을 보충해 팬에 넣고, 약불에서 20분 정도 끓인다.

05 토마토소스가 끓는 동안 미트볼 재료를 한데 섞어 반죽한다.

06 지름 1cm 정도의 작은 크기로 미트볼을 만든다.

07 완성한 토마토소스를 준비한다.

08 미트볼을 팬에서 겉면이 살짝 노르스름할 정도로 가볍게 익히고 토마토소스에 넣는다.

PRIMI PIATTI · 첫 번째 접시, 파스타와 리소트

약불에서 5분 정도 끓인다.

소스의 ⅔ 정도 분량을 따로 덜어 둔다. 나머지는 삶은 파스타 면과 섞고 오븐용 팬에 담는다.

모차렐라 치즈와 파르메산 치즈를 넣고 섞는다. 이때 미리 치즈를 반 정도 남겨 둔다.

200℃로 예열한 오븐에 5분 정도 두었다 꺼낸다. 남은 소스의 ⅓을 넣고 전체적으로 다시 한번 섞는다.

COOKING TIP
오븐 파스타의 핵심! 이렇게 해야 파스타에 치즈소스가 고루 어우러집니다.

13 남아 있는 소스를 위에 골고루 올린다.

14 남겨 둔 파르메산 치즈를 뿌린다.

15
남겨 둔 모차렐라 치즈를 골고루 뿌린다. 200℃로 예열한 오븐에 25분 동안 노릇해질 정도로 구워 준다.

해물 파스타

열 손가락 깨물어 안 아픈 손가락 없다지만,
수많은 파스타 중에서
제가 가장 좋아하는 파스타 중 하나가 아닐까 해요.
노력과 정성이 들어가는 해물 파스타.

더도 덜도 아닌
딱 들어간 재료와 노력만큼의 정직한 맛.

재료(3~4인분)

탈리아텔레 400g
머리 붙어 있는 새우 6마리
갑오징어 또는 오징어 1마리
조개 또는 홍합 500g
마늘 2알
대추토마토 8알
화이트와인 50㎖
올리브오일 약간

COOKING TIP
□ 탈리아텔레는 삶고, 갑오징어 또는 오징어는 작게 잘라 준비합니다.
□ 조개 또는 홍합은 해감하고, 대추토마토는 자르고, 마늘은 다져서 준비합니다.

RECIPE

01 올리브오일을 두른 팬에 다진 마늘을 넣고 볶는다.

02 작게 자른 갑오징어 또는 오징어, 새우를 넣는다.

03 화이트와인을 넣고 볶으며 알코올기를 날린다.

04 대추토마토를 넣는다.

05

대추토마토가 어느 정도 물러질 때까지 익힌다.

06

해감한 조개 또는 홍합을 넣는다.

07

조개가 입을 벌리면 소스 완성. 소스의 간을 보고 면수로 농도를 맞춘 후, 삶은 파스타 면을 넣어 섞는다.

루콜라 생참치 파스타

참치회 드시다가,
몇 점만 남기세요.

이 남은 회 몇 점으로
유명 호텔의 셰프 요리처럼
눈이 휘둥그레지는 맛의
그럴듯한 파스타를 만들 수가 있답니다.

그만큼 정성이나 테크닉도 필요 없는
딱 재료 본연의 맛!

재료(2인분)

링귀네 200g, 생참치 90g,
체리토마토 6알, 마늘 1알, 올리브 6알, 양파 ¼개,
화이트와인 50㎖,
케이퍼 7~9알, 루콜라 50g,
이탤리언 파슬리 1줄(생략 가능),
오레가노 1꼬집, 면수 약간,
올리브오일 적당량, 소금·후추 약간씩

COOKING TIP

☐ 링귀네는 삶고 체리토마토, 루콜라는 자르고 양파, 마늘은 다져서 준비합니다.

RECIPE

01 참치를 작게 깍둑썰기한다.

02 올리브오일을 두른 팬에 다진 양파와 마늘을 넣고 볶는다.

03 체리토마토를 넣고 볶는다.

04 참치를 넣고 볶아 준다.

05

화이트와인을 넣고 볶으며 알코올기를 날린다.

06

올리브, 케이퍼, 이탤리언 파슬리(생략 가능)를 함께 다져 팬에 넣는다. 오레가노도 넣고 5분 정도 가볍게 볶다가 뜨거운 면수를 한 국자 정도 넣는다.

07

루콜라를 넣고 바로 삶은 파스타 면을 넣어 섞은 후 소금, 후추로 간한다.

COOKING TIP

- 루콜라는 파스타 면의 열기와 함께 가볍게 익힙니다.
- 마지막에 안초비 액젓 1큰술을 추가하면 더욱 맛있어요.

그릴드 채소 해물 파스타 샐러드

우리에게 김밥이 있다면
이탈리아 사람들에겐 파스타 샐러드가 있습니다.
특히 나라의 삼면이 지중해, 아드리아해 등
아름다운 바다에 둘러싸인 이들에게 필수적인 바닷가 나들이 때도
절대 빠질 수 없는 파스타 샐러드인데요.

못 싸도 잘 싸도 크게 티 안 나는 김밥처럼,
파스타 샐러드 역시 누가 만들어도 큰 차이가 없는
범국민적인 나들이 음식이랍니다.

요리 실력보다는 넣는 재료에 따라 그 맛이 천양지차로 바뀌니
주저하지 말고 마음껏 넣으세요.

재료(2인분)

쇼트 파스타(푸실리 또는 파르팔레) 160g,
오징어 ½마리, 새우 6마리, 가지 ½개, 호박 ½개,
펜넬 ½개(생략 가능), 양파 ½개,
루콜라 6줄, 체리토마토 6알,
올리브오일 적당량, 소금·후추 약간씩

COOKING TIP
□ 쇼트 파스타는 삶아서 준비합니다.

RECIPE

01

가지, 호박, 펜넬(생략 가능)을 약 0.5mm 두께로 자른다.

02

체리토마토를 제외한 다른 채소도 같은 두께로 자른다.

03

손질한 해물과 채소들을 그릴팬에 굽는다.

삶은 파스타 면은 열기를 식혀 물기를 완전히 뺀 뒤, 준비한 재료와 섞는다.

루콜라를 적당한 크기로 찢어 넣고 올리브오일을 뿌린다. 소금, 후추로 간한 뒤 잘 섞는다.

COOKING TIP
▫ 파스타 샐러드는 먹기 전에 적어도 30분 이상 숙성합니다.
▫ 체리토마토는 먹기 직전에 잘라 넣습니다.

사프란 리소토

〈라따뚜이〉라는 디즈니 애니메이션에 이런 말이 나온답니다.
요리에 능통한 미각 천재 쥐 레미가 형에게 하는 말이죠.
"형! 세계에서 가장 맛있는 사프란이 어디에서 나오는 줄 알아?
바로 이탈리아의 아퀼라산 사프란이라고!
사프란에 이 치즈를 녹여 먹으면! 음~"

해지기 전, 사프란 꽃잎이 노을빛을 받으며 절정으로 만개했을 때
손으로 한 올 한 올 꽃의 수술을 따서 말리면
그 향은 5리 밖까지 나갈 정도로 아찔합니다.

'꽃의 다이아몬드'라고도 불리는 사프란.
요리는 재료가 다하고 손을 거들기만 할 뿐인 사프란 리소토입니다.
남은 리소토는 냉장고에 넣어 두고, 다음 날 아란치니로 만들어 드세요.

재료(4~5인분)

리소토용 쌀 320g
사프란 1작은술
버터 50~60g
양파 1개
화이트와인 50㎖
채소 육수(또는 치킨스톡 육수) 1,000㎖
그라나 파다노 또는 파르메산 치즈 60g
올리브오일 3큰술
소금 약간
후추 약간

COOKING TIP
□ 양파는 다져서 준비합니다.

RECIPE

<u>01</u> 작은 소주잔 정도의 컵에 사프란을 넣고, 최소 1시간에서 하룻밤 정도 담가 둔다.
<u>02</u> 올리브오일 3큰술을 두른 팬에 잘게 다진 양파를 넣고 약중불에 볶는다.
<u>03</u> 쌀을 넣고 가볍게 볶는다.
<u>04</u> 화이트와인을 넣고 볶으며 알코올기를 날린다.
<u>05</u> 육수를 조금씩 넣고 저어 가며 리소토를 만든다.

COOKING TIP
□ 자주 저어 주어야 쌀의 전분이 나옵니다.

<u>06</u> 마지막에 불을 끄고 버터와 치즈를 조금씩 넣어 가며 재빨리 섞고 소금, 후추로 간한다.

해물 리소토

요리를 전혀 할 줄 몰랐던 십여 년 전,
제가 신랑과 처음으로 한 끼 식사를 만들 때였어요.
이탈리아 사람인 그와 한국 사람인 제가
같이 만들어 먹을 수 있는 요리를 고심하다가
처음 만들었던 이탈리아 요리가 해물 리소토였습니다.

쌀의 부드러운 전분이 시간을 들여 두드리는 대로 천천히 녹아 나와
조개, 오징어, 새우 등 각각의 개성 넘치는 해물 재료와
부드럽게 어우러지는 해물 리소토.

모양과 향이 제각각이어도 어우러지는 방법이 있답니다.

재료(4인분)

리소토용 쌀 또는 일반 쌀 320g,
홍합 또는 조개 500g, 새우 8마리, 오징어 ½마리, 마늘 1알, 양파 ¼개,
화이트와인 90㎖, 리소토용 채소 육수 1,000㎖,
이탤리언 파슬리 1큰술, 버터 40g,
올리브오일 1큰술, 소금·후추 약간씩

리소토용 채소 육수

당근 ½개, 양파 ½개, 호박 ½개, 셀러리 ⅕대, 토마토 ½개, 이탤리언 파슬리 1줄(생략 가능),
물 1,000㎖, 올리브오일 1작은술, 소금 1작은술

COOKING TIP

☐ 새우는 살을 바르고 오징어, 당근, 호박, 셀러리, 토마토는 작게 잘라 둡니다.
☐ 마늘, 양파, 이탤리언 파슬리는 다져서 준비하세요.
☐ 이탈리아 쌀로 리소토를 만들 때는 쌀 100g당 350g 정도의 육수가 필요해요.
우리나라 쌀은 쌀알이 훨씬 작아서 총 1,000㎖의 육수(4인분 기준)로도 충분합니다.

RECIPE

리소토용 채소 육수

01 냄비에 물을 채운다.
02 리소토용 채소 육수 재료를 모두 넣는다.
03 중불에서 20분 정도 끓인다.

리소토

올리브오일을 살짝 두른 냄비에 조개와 홍합을 넣고, 입을 벌릴 때까지 뚜껑을 닫고 익힌다.

조갯살과 홍합살 그리고 육수만 깨끗하게 걸러 해산물 육수를 준비한다.

팬에 올리브오일을 두르고 다진 마늘과 양파를 볶는다.

쌀을 넣고 볶으며 가볍게 코팅한다.

05 쌀의 텁텁한 전분기를 날리기 위해 화이트와인을 넣고 볶으며 알코올기를 완전히 날린다.

제일 늦게 익는 오징어를 먼저 넣고 볶는다.

채소 육수를 한 국자씩 넣으며 나무주걱으로 자주 저어 준다. 이 과정을 계속 반복한다.

오징어가 어느 정도 익으면 새우를 넣고 함께 익힌다.

쌀이 거의 다 익었을 때쯤, 미리 준비해 둔 02의 해산물 육수를 넣는다.

함께 골고루 잘 섞으며 3분 정도 잘 익힌다. 마지막에 버터를 넣거나 올리브오일을 두르고, 취향껏 이탈리언 파슬리도 뿌려 낸다.

COOKING TIP

☐ 쌀을 익힐 때 중간중간 육수를 보충해 가며 계속 주걱으로 저어야 리소토용 쌀의 맛있는 전분기가 제대로 나옵니다.

PRIMI PIATTI · 첫 번째 접시, 파스타와 리소토   179

흑미 연어 샐러드

이탈리아에서 가장 기본이 되는 요리, 쌀 샐러드입니다.
중요한 점은 우리는 보통 밥을 하고 뜸을 들이지만
이 쌀 샐러드는 마치 파스타 끓이듯 많은 양의 물에 쌀을 넣고 끓여
전분기를 최대한 없애고 물기를 탁탁 털어 만든답니다.

쌀만 준비되었다면 그날 냉장고 사정에 맞게
토마토, 오이, 당근, 셀러리, 소시지 등 있는 재료 다져 넣고
간은 소금, 올리브오일로만 하면 되는데요.
이 흑미 연어 샐러드는 흑미의 향을 조금 더 특별하게 살려 줍니다.

선선한 가을 나들이 때 김밥 대신 준비해 보세요.
쌀을 이렇게 요리해 먹으니 참 새롭고 맛있구나, 하고 모두 감탄할 거예요.

재료(2인분)

흑미 320g, 연어 200g,
체리토마토 8알(또는 씨를 제거한 토마토 1개),
적양파 ¼개(취향껏), 루콜라 150g,
물 적당량, 올리브오일 적당량,
소금·후추 약간씩

COOKING TIP
□ 만들어 두고 적어도 30분 정도 숙성시켜 드세요.
□ 토마토는 시간이 지나면 물이 생겨서 샐러드에 좋지 않은 맛이 밸 수 있으므로, 먹기 직전에 잘라 넣고 올리브오일을 살짝 뿌린 후 잘 섞어 드시면 됩니다.

RECIPE

01 쌀 샐러드를 삶을 냄비와 물을 준비한다.
02 마치 파스타 면을 익히듯이, 넉넉한 양의 물어 쌀을 넣고 끓인다.
03 익은 쌀을 차가운 물에 한 번 씻어 내고 채반에서 물이 빠지도록 둔다.
04 체리토마토를 제외한 재료들을 강판을 이용해 아주 작은 크기로 자른다.
05 볼에 모든 재료를 넣고 섞는다.
06 물기를 뺀 쌀을 넣는다.
07 올리브오일을 듬뿍 넣고 소금, 후추로 간한다.
08 잘 섞은 다음 냉장고 또는 실온에서 적어도 30분 이상 숙성시켜 먹는다.

꼬리찜 파파르델레

레드와인을 듬뿍 넣고 오랫동안 뭉글하게 끓여 낸 레드와인 꼬리찜.
사실 꼬리찜 고기보다도
넓은 온파스타 면에 꼬리찜소스를 휘둘러 바른
이 파파르델레를 먹기 위함이 꼬리찜을 만드는 8할의 이유!

채소와 다양한 허브 그리고 레드와인에서
깊게 우려낸 진득한 꼬리찜 소스는
그만한 재료와 시간, 노력을 들일 가치가 있답니다.

같은 육류 요리라도 레드와인과 화이트와인을 쓰는 경우가 다른데요.
묵직한 레드와인은 무게감 있는 굵직한 맛이 도는 반면,
화이트와인은 묵직함보다는 재료에 향을 입히고 감칠맛을 더하는 느낌이 강해요.
요리에 와인 쓰는 법을 깨우치면
이탈리아 사람 다 된 거나 마찬가지인데 말이죠.

재료(4인분)

파파르델레 또는 페투치네 400g, 꼬리 10조각, 베이컨 2줄,
토마토소스 300㎖(취향껏 조절), 레드와인 250㎖,
육수(채소 육수 또는 치킨스톡 육수) 350~450㎖,
양파 1개, 당근 ½개, 셀러리 ½대, 마늘 1~2알,
올리브오일 적당량, 갖은 허브(로즈메리, 월계수 잎, 타임 등) 약간씩,
소금·후추 약간씩

COOKING TIP

□ 고기를 먼저 먹고 남은 소스와 면을 버무립니다. 면의 양은 1인분당 80~100g 정도로 잡으세요.
□ 파스타 면은 삶고 베이컨은 작게 자르고 양파, 당근, 셀러리, 마늘은 다져서 준비합니다.

RECIPE

01
팬에 올리브오일을 넉넉히 두른다.

02
작게 자른 베이컨을 넣고 볶는다.

03
베이컨이 노릇해지면 다진 채소(양파, 당근, 셀러리)와 다진 마늘을 넣고 볶는다.

04
손질한 꼬리 조각을 넣고 소금, 후추를 뿌린 뒤 앞뒤로 뒤집어 가며 굽는다.

05
노릇하게 익으면 레드와인을 넣고 익혀 알코올기를 날린다.

06

토마토소스를 넣는다.

허브를 넣는다.

육수를 부어 준다.

09

중간중간 육수를 보충하며 고기가 부드러워질 때까지 약불에서 2시간 30분 정도 익힌다. 이때 타지 않도록 중간중간 뒤집어 준다.

10 꼬리찜을 건져 먹고, 남은 소스에 삶은 파스타 면을 넣고 섞는다.

참치 라구

아니, 참치캔 하나로 어떻게 이런 맛이 가능하죠? 간 고기와 토마토, 채소를
서너 시간씩 끓여 정성스럽게 만드는 게 라구소스 아니었나요?

제가 이탈리아에서 처음 맞이한 크리스마스 때,
저녁 식사 자리에서 요리 솜씨 좋으신 할아버지의 이 참치 라구를 맛봤습니다.
크리스마스라고 대단한 요리를 내는 건 아니구나, 싶었는데 맛을 보자마자 단순한 재료 속에
녹여진 맛의 공력에 그리고 허를 찌르는 참치의 매력에 감탄을 금치 못했답니다.

입에서 사르르 녹는 듯한 참치, 참치와 만나 감칠맛이 몇 배는 더해진 신선한 토마토 향,
올리브오일과 함께 뭉근히 끓여 면에 깊숙이 밴 소스의 깊은 맛.
고기 라구를 이기는 참치 라구입니다.

재료(2인분)

링귀네 200g, 토마토소스 300~350㎖,
참치캔 1개, 당근 ¼개, 양파 ¼개,
셀러리 ⅕대(생략 가능), 마늘 1알,
이탤리언 파슬리 약간(생략 가능), 물 70㎖,
올리브오일 3큰술, 소금·후추 약간씩

COOKING TIP
- 링귀네는 삶고 당근, 양파, 셀러리, 마늘, 이탤리언 파슬리는 다져서 준비합니다.

RECIPE

01 올리브오일을 두른 팬에 다진 채소(당근, 양파, 셀러리)와 다진 마늘을 넣고 볶는다.
02 토마토소스를 넣고 물을 넣는다.
03 끓기 시작하면 불을 줄이고, 바닥에 눌어붙지 않도록 중간중간 저어 주며 25분 정도 익힌다.
04 기름을 제거한 참치를 넣고 15분 더 익힌다.
05 소금, 후추로 간하고 삶은 링귀네와 잘 섞어 접시에 올린 뒤, 잘게 다진 이탤리언 파슬리를 뿌린다.

PRIMI PIATTI · 첫 번째 접시, 파스타와 리소토

라구 비앙코 파스타

빨간 라구는 흔히 보지만
토마토소스 없이 맛을 내는 일명 '빽라구'.
토마토소스 없이 진한 고기와 허브 향만으로도
과연 제대로 된 맛이 날까요?

이 두 가지만 염두에 두시면
특별한 별미의 빽라구를 만들어 드실 수 있답니다.

첫째, 허브는 듬뿍!
둘째, 라구를 만들 땐
물 대신 채소 육수나 닭 육수를 넣기!

재료(2인분)

스파게티 200g, 소고기 간 것 120g, 베이컨 2줄,
양파 ¼개, 당근 ¼개, 셀러리 ¼대,
마늘 1알, 체리토마토 3알(생략 가능),
허브(로즈메리, 월계수 잎 등) 자른 것 약간,
화이트와인 50㎖, 파르메산 치즈 30g,
육수(채소 육수 또는 닭 육수) 200㎖,
올리브오일 적당량, 면수 약간, 소금·후추 약간씩

COOKING TIP
□ 스파게티는 삶고 베이컨은 다져서 준비합니다.

RECIPE

01 믹서기에 양파, 당근, 셀러리, 마늘을 넣고 잘게 다진다.

02 올리브오일을 넉넉히 두른 팬에 다진 채소를 넣고 볶는다.

03 간 고기와 다진 베이컨, 자른 허브를 넣고 볶는다.

04

체리토마토(생략 가능)를 잘라 넣고, 고기가 살짝 눌어붙을 정도로 바짝 볶는다.

05

화이트와인을 넣고 볶으며 알코올기를 날린 뒤, 허브를 넣는다.

06

육수를 넣고 약불에서 1시간 정도 끓인다.

07

소금, 후추로 간한다.

08

완성한 라구소스에 삶은 파스타 면을 넣는다. 파르메산 치즈를 넣고 면수를 보충하며 잘 섞어 준다.

PRIMI PIATTI · 첫 번째 접시, 파스타와 리소토   191

SECONDI PIATTI

두 번째 접시, 메인 요리

지중해식 해물탕

태정태세문단세…, 이것만 열심히 외울 일이 아니에요.
토마토, 피망, 마늘, 파슬리. 요 조합 딱 외우세요.

거창한 해물 재료가 없어도 괜찮아요.
냉동실에 꽝꽝 얼려 둔 새우, 오징어, 흰 살 생선도 좋아요.
이 마법 육수만 있다면,
맛있는 지중해식 해물탕 만드는 건 시간 문제랍니다.

"이게 우리 가문 대대로 내려온 비법이지!" 하는 말에
솔깃해서 따라 해봐도 항상 뭔가 부족하던 것을,
귀동냥 인생 9년 만에 이탈리아 어부 아저씨로부터 얻은
채소 몇 가지로 만드는 마법의 육수 레시피.
거짓말 조금 보태면,
맛보다가 숟가락 떨어뜨려 식탁 깨지는 맛이랍니다.

재료(2~3인분)

기본 채소 육수

토마토 1개 또는 대추토마토 8알, 청피망 ½개,
마늘 1~2알, 이탤리언 파슬리 3줄,
물 700㎖, 올리브오일 2큰술, 소금 ½큰술

해물탕

오징어 1마리, 새우 6마리, 흰 살 생선 3~4조각,
홍합 500g, 모시조개 200~300g

RECIPE

01 토마토는 4등분하고, 청피망은 적당한 크기로 잘라 냄비에 넣는다.

02 마늘을 넣는다.

03 이탤리언 파슬리를 듬뿍 넣는다.

04 소금을 넣는다.

05 올리브오일을 넣는다.

06 물을 약 700㎖ 넣고, 물의 ⅓ 정도가 줄어들 때까지 20분간 끓여 채소 육수를 만든다.

COOKING TIP
□ 물은 취향껏 더 넣어도 됩니다.

07 채소를 건져 내고 육수만 넓은 냄비에 준비한 뒤 오징어, 새우 순으로 넣고 익힌다.

08 오징어가 어느 정도 부드러워지면 흰 살 생선을 넣는다.

09 생선 겉이 불투명해지기 시작하면 모시조개와 홍합을 넣고 끓인다. 홍합과 모시조개가 입을 벌리면 완성. 해물을 그릇에 담고 취향껏 올리브오일을 두른 뒤 다진 이탈리언 파슬리를 뿌린다.

COOKING TIP
□ 얇게 슬라이스한 빵을 그릴에 구워서 해물탕과 함께 드세요.
□ 육수에 살포시 젖은 브루스케타도 별미고, 파스타에 해물탕 국물을 살짝 양보하면 바다 향 진하게 굽은 해물 파스타가 됩니다.

SECONDI PIATTI · 두 번째 접시, 메인 요리

치킨너깃

가끔 불가능한 맛을 가능하게, 그것도 내 집에서 실현해 보고 싶은 날.
시판 프라이드치킨, 시판 양념치킨, 시판 간장치킨….
눈에 불을 켜고 레시피를 폭풍 검색할 때가 있어요.

이거다! 하는 레시피를 발견한 순간,
우리 집에 없는 재료가 열 개도 넘고
점점 의지는 땅속 깊은 어딘가로 꺼지는 느낌.

스러져 가는 의지에 불꽃을 달아 날아 올려 줄 레시피입니다.
닭가슴살과 필라델피아 치즈, 두 재료만 있으면
딱 우리가 아는 맛 그대로의 너깃이 완성되지요.

재료(6인분)

닭가슴살 다진 것 500g, 식빵 1조각,
필라델피아 치즈 100g,
밀가루 · 빵가루 적당량,
달걀 2개, 우유 약간,
소금 · 후추 약간씩

RECIPE

02 숟가락 두 개로 재료를 골고루 섞는다.

03 손에 묻힐 필요 없이 숟가락으로 한 덩어리씩 뜬다.

01

식빵을 우유에 살짝 적시고 꾹 짠다. 볼에 식빵, 필라델피아 치즈, 다진 닭가슴살, 소금, 후추를 넣는다.

04
밀가루를 골고루 묻힌다.

05
달걀물, 빵가루 순으로 묻힌다. 200℃로 예열한 오븐에서 20분 또는 190℃의 에어프라이어에서 15분 정도 굽는다.

COOKING TIP
☐ 땅콩 오일로 튀기면 더욱 맛이 좋습니다.

SECONDI PIATTI · 두 번째 접시, 메인 요리

가지 파니니

가지를 어릴 때부터 썩 좋아하지 않았던 저는
그 흐물흐물한 식감을 어른들이 맛나다며 드시는 광경이
신기하기까지 했어요.

그런 가지를, 다른 채소도 아닌 흐물흐물한 가지를 튀겨서
고기튀김 이상의 맛을 낸다는 게 어불성설이라고 생각했는데요.

지금 저에게 누군가
"돈가스 먹을래, 가지가스 먹을래?"라고 묻는다면
"당연히 가지!"라고 답할 정도로
반전 매력이 있는 가지 요리입니다.

재료(2인분)

가지 큰 것 1개, 에멘탈 또는 모차렐라 치즈 4장,
햄 2~3장, 달걀 ½개,
밀가루 30g, 빵가루 40g,
올리브오일 또는 요리용 오일 적당량, 소금 적당량

COOKING TIP
□ 치즈는 에멘탈 치즈와 모차렐라 치즈 둘 다 사용해도 좋습니다.

RECIPE

01 가지를 깨끗이 씻어 준비한다.

02 가지를 0.5cm 두께로 자르고 소금을 살살 뿌려 5분 정도 절인다.

03 치즈를 가지 안에 들어갈 적당한 크기로 자른다.

04

가지의 양면에 치즈를 올린다.

05

한쪽 면에 햄을 올린다.

06

치즈를 올려 둔 다른 가지를 위에 포개어 살짝 누른다.

07

밀가루를 뿌린다.

08

달걀물과 빵가루를 입힌다. 오일을 두른 약불의 팬에 노릇하게 익히거나, 180℃로 예열한 오븐 또는 180℃의 에어프라이어에 15분 정도 굽는다.

SECONDI PIATTI · 두 번째 접시, 메인 요리

해물 샐러드

날 잡아 포카치아 한번 만들어 보실래요?

'아이고, 발효하고 기다리고 반죽하고
그 귀찮은 요리를?' 하고 생각하실 수도 있지만
분명 이 해물 샐러드 때문에라도
그 귀찮은 요리를 만들게 되실지도 몰라요!

해물을 골고루 데쳐 채소와 한데 섞고
포카치아 위에 올리면 완성!
여긴 나폴리의 어디쯤일까요?

재료(2인분)

포카치아 4쪽(p.261)
새우 삶은 것 8마리
오징어 또는 갑오징어 ¼마리
당근 ¼개
루콜라 50~100g
체리토마토 6알(취향껏)
이탤리언 파슬리 2줄
올리브오일 적당량
소금 약간
후추 약간

RECIPE

01 해물은 모두 데치고 채반에 물기를 받친다. 채소는 먹기 좋게 썰고 이탤리언 파슬리는 잘게 다진다.
02 포카치아를 노릇하게 굽는다.
03 해물과 채소를 골고루 섞고 올리브오일, 소금, 후추를 넣고 섞어 준다.
04 포카치아 위에 섞은 해물과 채소를 올린다.

COOKING TIP

- 포카치아 대신 바게트를 잘라 굽고, 그 위에 해물과 채소를 올려도 좋습니다.
- 재료를 미리 올려 두면 빵이 젖을 수 있으니, 먹기 직전에 만들어 접시에 담아 주세요.

문어 샐러드

우리에겐 문어숙회라는 요리가 있어서 문어를 살짝 데쳐 쫄깃한 식감으로 먹는데
지중해식 문어 요리는 입에서 부드럽게 녹는 듯한 식감을 만들어 냅니다.
그런데 이 지중해식 식감의 비책에 참 여러 가지 '썰'이 있답니다.
문어를 무로 마사지해 줘라, 또는 방망이로 두드려 줘라, 한 시간을 삶아라, 두 시간을 삶아라 등.
내 어깨 하나 주무르기도 사치인데, 이거 하나 먹자고 문어를 무로 마사지해 줘야 한다니.
이게 맞나 저게 맞나 설왕설래하다 포기해 버리고 마는 문어 요리.

두 가지만 기억하면 육즙도 살리면서 부드러운 지중해식 문어 요리를 만들 수 있답니다.
하나, 문어는 500g당 20분 정도 삶을 것!
둘, 문어를 삶은 다음 뚜껑을 닫고 30분간 두었다 건져 낼 것!
어때요, 어렵지 않죠?

재료(4인분)

문어 1,000g, 밀가루 적당량,
감자 찐 것 1,000g, 월계수 잎 2장,
루콜라 100g, 블랙올리브 12알,
셀러리 2줄

소스

올리브오일 60g, 이탤리언 파슬리 2줄,
레몬즙 적당량(레몬 1개 분량, 취향껏), 소금·후추 약간씩

COOKING TIP

- 문어를 익힐 때 문어 다리가 최대한 보글하고 예쁘게 말리도록 모양을 잡아 주세요.
- 감자 양은 취향껏 조절하세요.
- 취향껏 당근이나, 매운맛이 나는 샐러드용 적양파를 얇게 썰어 약간 넣거나, 체리토마토를 넣어도 좋아요.

RECIPE

01 밀가루로 문어를 깨끗하게 씻는다.
02 월계수 잎을 넣은 끓는 물에 문어 다리가 아래로 가도록 넣는다. 넣었다 빼는 과정을 두 번 반복하여 문어 다리가 말리는 모양을 잡아 주고 완전히 삶는다
03 문어가 다 익으면 불을 끄고 뚜껑을 닫은 채 잔열로 30분 정도 더 익힌다.
04 문어를 꺼내 식힌다. 셀러리를 얇게 썰어 둔다.
05 소스를 만들기 위해 레몬즙, 올리브오일, 이탤리언 파슬리, 소금, 후추를 볼에 넣고 섞는다.
06 찐 감자를 깍둑썰기하고, 문어도 먹기 좋은 크기로 자른다.
07 05의 소스, 루콜라, 블랙올리브, 셀러리 등과 함께 잘 섞어 낸다.

양고기 커틀릿

제가 사는 이곳은 이탈리아 중부의 아브루초.
유럽에서 가장 넓은 자연생태공원이자
가장 많은 동식물종의 서식지입니다.

이곳에는 동식물뿐만 아니라
천 년의 세월을 담은 길을 따라 긴긴 여행을 떠나는 '양의 길'도 있답니다.
사람보다 양이 더 많다고 알려진 이곳에 사는 사람들에게
주식이 될 만큼 알려진 양고기 레시피도 많아요.

그중 양고기와 최고 궁합인 다진 로즈메리와 마늘로 향을 낸
양갈비 커틀릿입니다.

재료(2인분)

양갈비 얇게 자른 것 4개, 마늘 1알,
로즈메리 1줄, 말린 허브 ½작은술(생략 가능),
머스터드소스 2큰술, 밀가루 30g, 빵가루 40g,
달걀 1개, 올리브오일 적당량, 소금·후추 약간씩

COOKING TIP
☐ 로즈메리는 다져서 준비합니다.

RECIPE

01 마늘과 잘게 다진 로즈메리(또는 말린 허브)를 준비한다.
02 올리브오일, 소금, 후추를 넣고 잘 섞는다.
03 얇게 자른 양고기에 02를 바르고, 머스터드소스를 바른다. 이어 밀가루와 달걀물을 입힌다.
04 빵가루를 입힌다.
05 올리브오일을 두른 팬에 노릇하게 익히거나, 200℃로 예열한 오븐 또는 180℃의 에어프라이어에 15~20분 정도 익힌다.

굵은소금 오븐 생선구이

저마다 개인 취향과 입맛이 있습니다.
누구는 짠 걸 짭조름하다며 좋아하고, 누구는 달고 짜면 싫어해서
여러 사람을 초대하는 식사 자리에선
누구 입맛에 맞추어 어떤 요리를 해야 하나, 고민되기도 하지요.

생선을 싫어하지만 않는다면
개인 취향과 입맛이라는 기준을 넘어서는 맛.
재료 본연의 맛을 100퍼센트, 아니 200퍼센트 돋보이게 해줄
굵은소금에 구운 생선 요리입니다.

애피타이저를 마치고
소금산에서 구운 노릇한 생선을 테이블 중앙에 내어 보세요.
그곳은 이미 아리아가 들려 오는
푸른 바다 한가운데의 선상일 테니까요.

재료(4인분)

숭어 또는 비늘 있는 생선 1,000g
달걀흰자 4개
굵은소금 2,000g

COOKING TIP

☐ 반드시 내장이 제거된 생선을 구매하세요.
☐ 광어나 고등어 같은 생선이 아닌, 꼭 비늘 있는 생선으로 요리하세요.

RECIPE

달걀흰자와 굵은소금을 섞어 반죽을 만든다.

반죽을 넓게 펴고 그 위에 생선을 올린다.

남은 반죽으로 생선 위를 덮는다.

생선 꼬리만 남기고 소금 갑옷 입히듯이 반죽을 말끔하게 입힌다.

180℃로 예열한 오븐에 30~35분 정도 굽는다.

COOKING TIP
- 300~400g 정도의 작은 생선은 26분 정도 익힙니다.

오븐에서 꺼내 5분 정도 식힌 뒤, 망치로 소금을 부순다.

생선 살을 발라 먹는다.

COOKING TIP
- 생선을 익힐 때 소금 옷이 노릇해지며 진한 레몬색이 나오면 익은 것으로, 색이 더 진해지면 생선이 너무 익어 뻑뻑한 식감이 날 수 있으니 주의하세요.
- 생선 배 속을 레몬이나 이탈리언 파슬리 등 허브로 채우면, 익는 동안 향이 곱게 올라와 잡내가 제거되고 맛도 더욱 좋아집니다.
- 근대감자줄기콩 볶음(p.70) 등을 생선에 올리고 올리브오일을 둘러 드세요.

이탤리언 호박 미트볼

코에 걸면 코걸이,
귀에 걸면 귀걸이, 목에 걸면 목걸이.

우리의 누룽지는 누룽지 백숙이니 누룽지 과자니 하며
목걸이, 귀걸이 같은 요리로 짠하고 변신하잖아요.
이탈리아에도 마른 빵으로 존재감을 새기는 요리가 있답니다.

갓 나온 따뜻한 빵이 아닌
처치 곤란한 마른 빵이나
냉동실에서 거의 숙성되다시피 한 오래된 빵일수록
더 빛이 나는 레시피입니다.

바로 이탤리언 오리지널 미트볼.
고기 대신 푹 찐 가지를 다져 넣으면 가지볼,
호박을 데쳐 넣으면 호박볼이 된답니다.

재료(4인분, 약 25개 분량)

식빵 1쪽, 소고기 간 것 500g, 호박 1개,
달걀 1개, 우유 50㎖(빵 적실 용도),
파르메산 또는 그라나 파다노 치즈 80g,
올리브오일 적당량, 소금·후추 약간씩

COOKING TIP
☐ 호박은 다져서 준비합니다.

RECIPE

올리브오일을 살짝 두른 팬에 다진 호박을 볶으며 수분을 날린다.

볶은 호박을 볼에 넓게 펴고 한 김 식힌다.

빵을 우유에 적시고 손자국이 날 정도로 꾹 눌러 짠다.

COOKING TIP
□ 수분을 잘 제거해야 질척거리는 식감이 되지 않는답니다.

호박이 담긴 볼에 빵을 넣는다.

간 소고기를 넣는다.

06 달걀을 넣는다.

07 치즈, 소금, 후추를 넣고 잘 섞는다.

08 적당한 크기로 떼어 동그랗게 굴려 모양을 만들고, 올리브 오일을 두른 팬에 올린다.

09 골고루 굴려 가며 노릇하게 익힌다.

COOKING TIP
- 미트볼을 익히는 방법은 여러 가지입니다. 팬에 오일을 두르고 노릇하게 익히기만 해도 맛있어요.
- 미트볼에 다진 채소(버섯, 가지, 피망, 양파 등)를 넣고 만들어도 맛있답니다.

모둠 채소구이

거창하게 오첩반상 끼니를 차리지 않아도 되는 날.
재료는 가볍지만, 감동의 무게는 거창한 채소구이는 어떨까요?

분명 냉장고에 빤히 있는 제철 채소들로 만들었는데,
쫄깃하게 구운 버섯은 고기 향을 내고
양파의 달콤한 향은 어니언링처럼 고소합니다.

넉넉한 접시 위에 한데 올린
가지, 호박, 피망, 감자가 바삭거리며
저마다 각기 다른 향으로 조화로운 소리를 내는
모둠 채소구이입니다.

재료(3~4인분)

양송이버섯 6~8개 또는 표고버섯 4개,
단호박 ¼개, 피망 ½개, 적양파(또는 일반 양파) 1개,
감자 1개, 허브 믹스 ½작은술,
닭가슴살 100~150g(생략 가능),
마늘 1알(생략 가능),
빵가루 80~90g,
올리브오일 적당량, 소금·후추 약간씩

COOKING TIP
□ 마늘은 다져서 준비합니다.

RECIPE

01

버섯은 0.5cm 두께로 너무 얇지 않게 썰고 볼에 넣는다.

02

단호박은 버섯과 비슷한 크기로 깍둑썰기하여 볼에 넣는다.

03 피망과 양파를 잘라 넣고, 감자는
작게 깍둑썰기하여 넣는다.

COOKING TIP
- 취향껏 닭가슴살을 넣을 때는 감자와 비슷한 크기로 잘라 넣습니다.

04 허브 믹스와 다진 마늘을 취향껏 넣는다.

05 올리브오일을 넉넉하게 넣고 소금, 후추를 넣어 골고루 잘 버무린다.

06 빵가루를 넣고, 올리브오일과 채소 자체의 수분으로 빵가루가 채소 표면에 달라붙도록 섞는다.

COOKING TIP
☐ 파르메산 치즈를 2~3큰술 추가해 빵가루와 함께 섞어 넣어도 맛있어요.

07 오븐이나 에어프라이어용 팬에 재료를 잘 담고, 그 위에 올리브오일을 넉넉히 뿌려 준다. 200℃로 예열한 오븐 또는 200℃의 에어프라이어에 30분 정도 노릇해지도록 굽는다.

바삭 오징어 꼬치구이

저는 이탈리아에서 10년 넘게 살면서 이 요리를 먹을 줄만 알았지, 할 줄은 몰랐답니다.
한 번은 먹어 본 대로 만들었는데
맛이 전혀 안 나고 빡빡하고 마른오징어가 되어 버리더라고요.

이 레시피는 매우 단순해 보이지만
정말 맛있게 만드는 팁이 숨어 있어요.
우리 집 아이들이 무척 좋아해서
일부러 이탈리아에서 솜씨 좋은 분께 배운 맛있는 오징어 꼬치구이입니다.

재료(2인분)

오징어 1마리, 빵가루 60g,
이탤리언 파슬리 1줄,
허브 믹스 ½작은술,
마늘 다진 것 ½작은술(생략 가능),
올리브오일 적당량,
소금·후추 약간씩

COOKING TIP
- 이탤리언 파슬리는 다져서 준비합니다.
- 꼬치는 산적 만들 때 사용하는 나무 꼬치를 쓰시면 됩니다.

RECIPE

01 빵가루에 올리브오일을 조금 넣고 다진 이탤리언 파슬리, 다진 마늘, 허브, 소금, 후추를 넣고 섞는다.
02 오징어를 가운뎃손가락 길이로 자른 다음 꼬치에 'S'자로 끼워 준다.
03 꼬치에 끼운 오징어에 빵가루를 묻히며 꾹꾹 눌러 준다. 이때 'S'자 사이의 공간에도 빵가루를 골고루 묻힌다.
04 200℃로 예열한 오븐에 20분 정도 굽거나, 180℃로 예열한 에어프라이어에 15분 정도 노릇하게 굽는다.

이탤리언 돼지족발

꺼진 불도 다시 보듯이,
마시다 남은 맥주나 화이트와인을
다시 볼 수 있는 레시피입니다.

물 대신 남은 술에 넣고 끓였더니
정말 근사하면서
눈도 입도 풍성한 돼지고기 요리가 되는 거 있죠!

재료(4~6인분)

돼지고기 정강이살 1,000g,
맥주 또는 화이트와인 300g, 닭 육수 150㎖, 양파 ½개,
당근 ½개, 허브 믹스 다진 것 1큰술, 마늘 1~2알,
머스터드소스 6큰술, 타임 1줄, 로즈메리 2줄, 월계수 잎 2장,
올리브오일 적당량, 소금·후추 약간씩

COOKING TIP
□ 양파, 당근, 마늘, 타임, 로즈메리, 월계수 잎은 다져서 준비합니다.
□ 양파 대신 양파대를 사용해도 됩니다.

RECIPE

01

돼지고기 정강이살에 소금, 후추, 다진 허브 믹스, 다진 마늘, 올리브오일, 머스터드소스를 바르고, 적어도 3시간 이상 숙성한다.

02

올리브오일을 두른 팬에 정강이살을 넣고, 다진 양파 (사진은 다진 양파대)와 당근을 넣는다.

03

약불에서 3시간 30분 동안 익힌다.

04

맥주 또는 화이트와인을 넣고 3분 정도 팔팔 끓여서 알코올기와 수분기를 날린다.

05

닭 육수를 넣고 허브(타임, 로즈메리, 월계수 잎)를 듬뿍 넣는다. 약불에서 부드러워질 때까지 뚜껑을 닫고 3시간 정도 익힌다. 중간중간 타지 않도록 확인하며 물을 보충한다.

이탤리언 감자 그라탕

제가 어릴 적,
프랑스에서 유학 중이었던 이모가 잠시 한국에 왔는데
오밤중에 재료도 없이
'감자 피자'를 만들어 준다고 하는 거 아니겠어요?

그 당시 초딩에겐 너무나도 황홀했던 맛!
피자 도우 대신 감자를 으깨서 그 안에
치즈와 햄, 올리브를 듬뿍 넣고 구웠는데
저는 어른이 될 때까지 프랑스 사람들은
피자를 그렇게 먹는 줄 알았어요.

지금 와서 보니 이모가 만들어 준 요리는 피자가 아니라
이탤리언 감자 그라탕이었네요.

감자 많은 날 뚝딱! 하고 만들어 보세요.

재료(4인분)

감자 1,000g, 버터 20~30g, 햄 3장,
우유 80g, 빵가루 적당량,
완두콩 150g(생략 가능),
모차렐라 치즈(취향껏 계량),
파르메산 치즈 2큰술,
소금·후추 약간씩

RECIPE

01 감자는 쪄서 껍질을 벗긴다.

02 감자를 곱게 으깨고 버터와 우유를 넣는다.

COOKING TIP
□ 감자는 너무 되거나 묽지 않게, 마치 팥빵의 팥소 정도의 농도로 만듭니다.

03 소금과 후추로 간한다.

04 오븐용 팬에 버터를 넉넉하게 넣고 꼼꼼하게 칠한다.

05 팬에 빵가루를 뿌리고 골고루 묻힌다.

06 남은 빵가루를 털어 준다.

07
감자를 1cm 정도 두께로 깔아 준다.

08
햄을 먼저 깔고 모차렐라 치즈, 파르메산 치즈를 올린 뒤 후추를 뿌린다.

09
완두콩을 골고루 올린다.

10
감자를 다시 1cm 정도 두께로 올린다.

11
빵가루를 뿌리고 버터를 조각조각 올린다. 180℃로 예열한 오븐에 30~40분 정도 익힌다.

COOKING TIP
☐ 빵가루의 빛이 노르스름하게 될 정도로 익힙니다.
☐ 마지막에 빵가루를 뿌리면 감자가 들러붙지 않고 떠내었을 때 모양이 고정됩니다.

SECONDI PIATTI · 두 번째 접시, 메인 요리

감바스

감바스는 이제 우리나라에서도 널리 즐기는 요리가 되었어요.
감바스 없이 와인을 내는 건 심지어 예의 없는 행동처럼 보일 정도예요.

간단한 재료와 쉬운 방법으로
최고의 맛을 내는 오리지널 감바스 레시피.

생각보다 많은 양의 올리브오일이 들어가는 게 특징인데요.
단맛이 돌고 두툼한 육질마저 느껴지는 페페론치노를 쓰면
정말 특별한 향이 나는 요리가 감바스입니다.

재료(4인분)

스파게티 또는 링귀네 400g,
새우 1,000g, 마늘 20알,
페페론치노 4~5개, 로즈메리 3줄,
월계수 잎 2장, 올리브오일 120㎖,
소금·후추 약간씩

COOKING TIP
☐ 파스타 면은 삶아서 준비합니다.

RECIPE

01 올리브오일을 충분히 두른 팬에 마늘과 페페론치느, 로즈메리, 월계수 잎을 넣는다.
02 약불에서 향을 우리다가 마늘의 색이 노릇해질 때쯤 새우를 넣는다.
03 새우가 익으면 소금, 후추로 간해서 낸다.
04 남은 소스에 파스타를 섞어 먹는다.

Arnaldo 할아버지의 렌틸콩 수프

남편의 할아버지는 아흔여섯의 연세에도 일주일에 꼭 한 번은
식구들을 모두 불러 모아 저녁 식사를 만들어 주셨답니다.
요리에 대한 열정과 능력이 남다른 분이셨는데요.

때론 제2차 세계 대전에 참전했을 당시의 영웅담을 말씀하시곤 했는데,
그 이야기는 포격이나 승리에 대한 것이 아니라, 취사병 시절에 관한 것이었지요.
"그 마리오 있잖아. 그 양반, 우리가 한창 독일군에게 밀리는 중이었는데
그때 먹었던 내 닭구이랑 렌틸콩 수프가 세상 그리 맛났다고 지금도 이야기하잖아."

전장을 닭 다리와 렌틸콩 수프로 날아다니셨던
아르날도(Arnaldo) 할아버지의 렌틸콩 레시피입니다.

재료(4인분)

토마소소스 250㎖, 물 700~800㎖,
말린 버섯(말린 포르치니 6g, 말린 표고버섯 등 10~15g)
렌틸콩 250g, 베이컨 2줄,
양파 ½개, 당근 ⅓개,
셀러리 ⅛대(생략 가능),
마늘 1알, 월계수 잎 1~2장,
올리브오일 적당량,
소금·후추 약간씩

COOKING TIP
- 양파, 당근, 셀러리, 마늘은 잘게 다져서 준비합니다.
- 구운 빵을 렌틸콩 수프 위에 올린 후 질 좋은 올리브 오일을 뿌려 먹어도 좋습니다.

RECIPE

01 작은 그릇에 물을 넣고 그 안에 말린 버섯을 불린 후, 둘 기를 꼭 짜서 잘게 다진다. 버섯 불린 물은 따로 둔다.
02 렌틸콩은 흐르는 차가운 물에 씻고, 베이컨은 썬다.
03 올리브오일을 두른 팬에 다진 양파, 당근, 셀러리(생략 가능), 마늘을 넣고 볶다가 베이컨을 넣고 가볍게 볶는다.
04 다져 둔 버섯을 팬에 넣는다.
05 월계수 잎과 렌틸콩을 팬에 넣는다. 가볍게 볶은 후 토마토소스를 넣는다.
06 소금으로 살짝 간하고 물과 버섯 불린 물을 함께 붓는다.
07 수프 농도를 보며 물을 추가한다.
08 그릇에 보기 좋게 담고 올리브오일을 넉넉히 두른 다음 후추를 살짝 뿌린다.

PANE E PIZZA

빵과 피자

무반죽 빵

빵 만들 때 포크 하나만 있으면 된다고요?
정말일까요?

고가의 반죽기도
발효를 기다리며 시간을 보낼 일도
반죽기 꺼내 씻고 물기 닦아 말려 다시 조립하는 수고도
다 필요 없어요.

4천 년 전의 발명품,
불과 나무작대기만 있으면
원시인이라도 만들 수 있는 빵이니까요.

재료(4~5인분)

강력분 400g

물 300㎖

드라이 이스트 2g

설탕 ½큰술

소금 10g

RECIPE

볼에 밀가루를 붓고 소금을 넣는다.

설탕을 넣는다.

이스트를 넣고 고루 섞어 준다.

실온의 물을 조금씩 넣어 가며 섞는다.

포크로 반죽한다.

반죽을 담은 볼에 랩을 씌우고 실온에서 15분 정도 둔다.

나무 주걱으로 반죽을 섞고 10분 휴지를 2~3번 반복하면 30분 정도가 소요된다.

다시 반죽에 랩을 씌워 냉장고로 옮기고, 적어도 6시간에서 24시간까지 둔다.

COOKING TIP

□ 자기 전에 만들어 냉장고에 넣어 두었다가 다음 날 아침에 꺼내면 좋습니다.

냉장고에서 반죽을 꺼내면 발효가 되면서 기포가 많이 올라와 있는 모습을 볼 수 있다.

덧밀가루를 충분히 많이 뿌린 작업대에 반죽을 놓는다.

손에도 덧밀가루를 충분히 바르고, 직사각형 모양으로 반죽을 늘리며 공기를 뺀다.

공 모양으로 만든다.

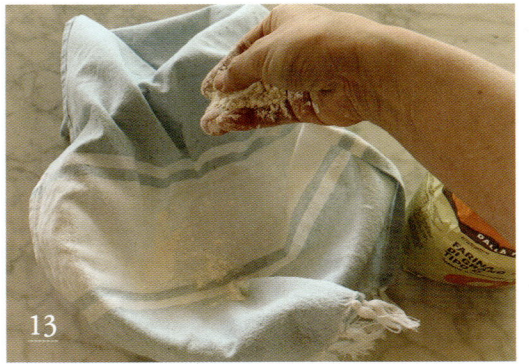

볼에 헝겊을 대고 덧밀가루를 충분히 뿌려서 나중에 반죽이 들러붙지 않도록 한다.

반죽을 볼에 넣고 2배 정도로 부풀 때까지 1시간 20분 정도 2차 발효한다.

반죽을 오븐용 냄비에 담고 230℃로 예열한 오븐에 넣는다. 반드시 냄비 뚜껑을 닫고 30분 동안 익힌다.

COOKING TIP
☐ 오븐을 예열할 때 냄비도 같이 넣어 예열합니다. 반죽을 냄비에 넣을 때 냄비가 뜨거운 상태여야 합니다.

30분 뒤 뚜껑을 열고 220℃로 온도를 낮춘다. 다시 오븐에서 20분간 익힌다.

색깔이 적당히 노릇해지면 오븐에서 뺀다.

COOKING TIP
☐ 냄비를 오븐에 넣어 예열할 때, 냄비 손잡이나 뚜껑 부분이 오븐에 들어갈 수 있는 재질인지 확인하세요.
☐ 냄비 손잡이가 뜨거우니 꺼낼 때 주의하세요.

마르게리타 피자

촉촉한 토마토소스와 고소한 치즈, 쫄깃하고 바삭한 도우를 한입 베어 무는 순간
동향 따지기 좋아하는 이탈리아 사람들도 지역감정은 내려놓고
'우린 하나야!' 하며 그들의 영혼까지 내어놓는 음식이 피자인데요.

그렇다고 이탈리아 가정집에서
베수비오의 화산석으로만 만든다는 최고급 수제화덕을 부엌에 장착하고
피자 하나를 만들기 위해 참나무 장작으로 오랜 시간 불을 때서
450℃까지 오븐 온도를 올리는 수고를 하는 일은 없답니다.

이탈리아의 여느 흔한 가정집에서 좋아하는 재료를 튼실히 올려
나폴리 피자 부럽지 않게 맛있게 만들어 먹는 간편한 레시피.
피자 중에서 가장 유명한 피자, 마르게리타입니다.

재료(6~8인분)

도우
강력분 500g, 우유 30㎖, 드라이 이스트 7g, 물 340㎖, 올리브오일 30㎖, 설탕 25g, 소금 12g

토핑
토마토 100% 퓌레 300㎖, 모차렐라 치즈 250g, 파르메산 치즈 30~40g,
바질 4~5장, 오레가노 1꼬집(취향껏), 올리브오일 적당량, 소금·후추 약간씩

토마토소스 만들기
01 필요한 분량의 토마토 100% 퓌레를 준비한다.
02 올리브오일을 넉넉히 둘러 준다.
03 오레가노, 소금, 후추를 넣고 섞는다.

RECIPE

01 미지근한 우유에 설탕을 넣는다.

02 이스트를 넣고 섞는다.

03 다른 볼에 체 친 밀가루와 소금을 넣는다.

04 볼에 02와 물을 붓는다.

한 덩어리로 반죽한다.

약 5분 정도 반죽하면 표면이 매끈해진다.

반죽을 담은 볼에 랩을 씌우고, 2배 정도로 부풀 때까지 발효시킨다.

반죽을 원하는 피자 크기 분량만큼 떼어 낸다.

떼어 낸 도우를 눌러서 편다.

넓적하게 모양을 낸다.

오븐용 틀에 유산지를 깔고 도우를 담는다.

도우 위에 만들어 둔 토마토소스를 바른다.

13 모차렐라 치즈를 올린다.

14 올리브오일을 살짝 둘러 준다.

15 바질 잎을 올린다.

16 마지막으로 파르메산 치즈를 올리고, 250℃로 예열한 오븐에 넣어 노릇해질 때까지 10분 정도 구워 준다.

COOKING TIP
- 바질을 맨 위에 놓으면 오븐의 열에 의해 까맣게 타버리므로 촉촉한 모차렐라 치즈 사이에 넣어 주세요. 바질 향이 피자에 은은하게 배게 됩니다.
- 토마토소스에 오레가노를 한 꼬집 넣으면 이탈리아식 피자 향미를 낼 수 있습니다.

칼조네

뜨거운 땡볕의 더위.
좁디좁은 골목 사이에 큰 기름 솥을 걸어 두고
반죽 한 덩어리를 떼어 내는가 싶더니,
재빨리 그 안에 아침에 만든 모차렐라 치즈와 이탈리아 햄,
토마토소스를 넣어 속을 채웁니다.
만두 모양처럼 잘 싸매어 바로 기름 솥으로 풍덩!

이탈리아의 남부 도시 나폴리의 전통 길거리 음식.
피자 튀김, 칼조네.

그냥도 몇 판을 먹어 치울 피자를 튀겼으니
그 맛은 입 아파 굳이 말 안 하겠어요.

재료(약 10개 분량)

강력분 500g, 물 240㎖,
드라이 이스트 4g(또는 생이스트 12g),
버터 50g, 설탕 1꼬집, 소금 10g

속 재료

토마토소스 200㎖, 햄 썬 것 6장,
모차렐라 치즈 250g, 파르메산 치즈 60g,
오레가노 1꼬집

COOKING TIP
□ 버터는 녹여서 준비합니다.

RECIPE

01
미지근한 물에 이스트와 설탕을 넣고 녹인다.

02
다른 볼에 밀가루와 녹인 버터, 소금을 넣고 섞는다.

03
01의 재료를 천천히 붓는다.

04
물을 조금씩 나눠서 붓는다.

05
손으로 잘 반죽한다.

반죽을 공 모양으로 만들어 볼에 넣고 랩을 씌운다. 2배 크기가 되도록 1시간 정도 1차 발효한다.

반죽의 공기를 가볍게 한 번 뺀다.

반죽을 밀대로 3mm 정도 두께로 밀어 준다.

반죽 가운데에 토마토소스, 햄, 모차렐라 치즈, 파르메산 치즈, 오레가노를 넣는다.

만두 모양으로 반 접어 꾹꾹 누른다. 180℃ 온도의 기름에 노르스름해질 때까지 튀기거나, 200℃로 예열한 오븐에 15분 정도 구워 준다.

COOKING TIP
- 만두 모양을 낼 때 포크를 사용하기도 합니다.
- 익힐 때 치즈가 새어 나오면 오일과 만나 튈 수 있으니, 속이 안 터지게 반죽 가장자리를 꼭꼭 잘 눌러 주세요.
- 칼조네 전통 피자 속은 모차렐라, 햄, 토마토소스 등이지만, 참치캔, 블랙올리브, 양파, 피망, 토마토소스와 모차렐라를 채워 넣어도 정말 별미랍니다.

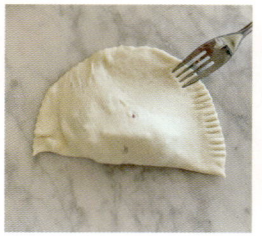

PANE E PIZZA · 빵과 피자

포카치아

책 속의 요리 사진이 예뻐서
나도 이렇게 만들어 봤으면, 하는 마음에 요리책을 사놓고는
막상 사진만 보고 만족하고 마는 경우가 저도 꽤 많습니다.

이 책의 모든 레시피 중에서
만약에 단 하나도 시도하지 못하시더라도
이 포카치아만은 꼭 한번 만들어 보세요.
책 한 권의 요리를 다 만들어 본 것과 같은 만족감을 주는 레시피니까요.
블로그에서도 소개된 적이 있는, 돈 받고 파시라고 제가 외쳤던 레시피.

블로그 이웃분들도 만들어 보시고 다들 이렇게 말씀하셨죠.
"진짜 돈 받고 팔아야겠어요.
어느 고급 레스토랑이나 카페에서도
이렇게 맛있는 포카치아는 먹어 본 적이 없어요!"

재료(8인분)

강력분 체 친 것 700g, 감자 큰 것 1개(또는 중간 크기 2개),
미지근한 물 300㎖,
생이스트 30g, 버터 100g,
올리브오일 4큰술, 설탕 4큰술, 소금 1½큰술

소스
물 40㎖, 올리브오일 40㎖

COOKING TIP
□ 버터는 녹여서 준비합니다.

RECIPE

01 이스트와 설탕을 섞고, 계량한 미지근한 물로 잘 섞어 둔다.

02 볼에 밀가루와 소금을 넣는다.

03 감자는 미리 삶아 한 김 식힌다. 껍질을 벗기고 포크로 잘게 부순다.

04 감자와 02의 재료를 한데 섞는다.

05 녹인 버터와 올리브오일 섞은 것을 넣는다.

06 01의 이스트 섞은 물을 붓는다. 표면이 매끈해질 때까지 10분 정도 반죽한다.

07 반죽을 공 모양의 한 덩어리로 만든다.

08 반죽이 부풀어 2배 정도가 될 때까지 약 40분간 1차 발효한다.

PANE E PIZZA · 빵과 피자

오븐에 들어갈 팬에 공기를 한 번 뺀 반죽을 넓게 펴준다.

랩을 씌우고 2배 정도 크기가 될 때까지 다시 약 30분간 2차 발효한다.

검지와 중지로 살짝 찍으며 구멍을 낸다.

반죽 전면에 구멍을 낸다.

테두리는 두툼해지도록 구멍을 찍지 않는다.

올리브오일과 물을 반 컵씩 담는다. 숟가락으로 빠르게 저어 순간적으로 오일과 물이 섞이도록 한다.

반죽의 구멍에 골고루 들어가도록 뿌린다.

COOKING TIP

☐ 올리브오일과 물은 오븐에 들어가기 직전에 뿌려 주세요.

팬을 살살 흔들어 오일과 물이 구멍에 고루 들어가게 한다. 200℃로 예열한 오븐에 15분간 굽는다.

포카치아 응용 요리

<u>01</u> 올리브오일과 물을 뿌리기 전, 취향대로 토핑(사진은 블랙올리브)을 올린다.

<u>02</u> 구멍 안에 쏙쏙 들어가게 한다.

<u>03</u> 블랙올리브 대신 로즈메리를 찢어 올리면 이탈리아 사람들이 먹는 가장 클래식한 포카치아 완성.

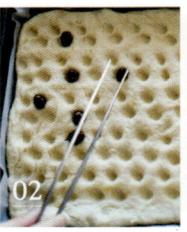

타랄리

해 질 녘 로마에 있다면 광장이 한눈에 보이는 괜찮은 바에 들어가 보세요.
와인 한잔과 기분 좋은 식전 칵테일을 시키면
작은 접시에 이것저것 담아 오는 하얀 양복을 입은 로마의 웨이터들.
접시 안에는 올리브 열매를 절인 것도, 작게 자른 치즈도 있고,
바삭한 그리시니에 이탈리아 염장 햄인 프로슈토를 돌돌 만 요리도 있어요.

그리고 바로 이 반지 모양으로 돌돌 말린
고소하고 담백한 과자 타랄리.
담백한 것이 별맛이랄 것도 없는데
와인이랑 함께 시간 가는 줄 모르게 들어간답니다.

어느 순간 로마의 붉은 벽돌집들이
노을에 더 빨간 오렌지색으로 물드네요.

재료(10인분)

강력분 550g
화이트와인 200㎖
올리브오일 120㎖
소금 10g
허브(펜넬 씨앗, 로즈메리 등 취향껏 계량)

RECIPE

01 볼에 밀가루를 담는다.

02 소금을 넣는다.

03 화이트와인과 올리브오일을 넣는다.

04 펜넬 씨앗 등 취향껏 허브를 넣고, 한 덩어리로 반죽한다.

05

반죽을 조금씩 떼어 링 모양으로 만든다.

06

끓는 물에 반죽을 넣고 익힌다.

07

반죽이 익어서 떠오르면 건져 내고, 면포에 올려 물기를 제거한다.

08

190℃로 예열한 오븐에서 노릇한 색이 나오도록 50~60분 동안 굽는다.

09

한 김 식으면 접시에 담아낸다.

COOKING TIP
☐ 한 김 식혀 마른 봉투나 통에 넣어 밀봉하면 오랫동안 바삭한 식감 그대로 보관할 수 있습니다.

DOLCI

디저트

딸기 생크림 크레이프

밀가루니, 발효니, 탕종이니, 초콜릿 토핑이니 하며
머리 써 가며 베이킹 재료들과 투덕투덕하고 싶지 않은 날.
이렇게 간단한데 맛있을까? 하는 의심은 거두시고
레시피를 따라 해야 하는 노동의 망설임도 거두시고
그냥 사서 먹을까? 하는 귀찮음도 거두세요.

달콤한 한입에 노동의 수고를 잊고
너무나도 간단한 레시피에 의심이 무색해지며
사 먹는 것보다 몇 배는 더 맛있는 디저트.
딸기 생크림 크레이프입니다.

재료(4인분)

달걀 2개, 박력분 60g, 녹말가루 35g,
제빵용 베이킹파우더 1작은술,
토핑용 생크림 또는 과일 적당량,
바닐라 에센스 1~2방울,
식용유 또는 포도씨 오일 45g, 뜨거운 물 2큰술,
설탕 70g, 소금 1꼬집, 슈거파우더 약간(토핑용)

COOKING TIP
□ 박력분, 녹말가루, 베이킹파우더는 한데 섞어서 준비합니다.

RECIPE

01

02

노른자와 흰자를 각기 다른 볼에 분리한다. 노른자를 담은 볼에 뜨거운 물과 설탕을 넣고 뽀얗게 되도록 섞어 준다.

바닐라 에센스와 오일을 넣는다.

03

박력분, 녹말가루, 베이킹파우더 섞은 것을 넣고, 믹서가 아닌 주걱으로 잘 섞는다.

COOKING TIP
▫ 고운 크림처럼 될 때까지 오래 섞어야 완성도 높은 질감이 됩니다.

04

흰자를 담은 볼에 소금을 한 꼬집 넣고 섞어 단단한 머랭으로 만든다.

05 흰자 머랭에 03의 반죽을 세 번에 나누어 넣으면서 섞는다.

06 반죽을 한 숟가락 듬뿍 떠서, 약 3mm 두께와 CD 정도 크기로 유산지 위에 둥글게 올린다.

07 190℃로 예열한 오븐에 6~7분간 굽다가, 노릇해지기 직전에 오븐에서 꺼낸다.

08 반죽이 뜨거울 때 반으로 자른 유산지에 바로 올리고, 반으로 살짝 접어 준다.

COOKING TIP
□ 이때 완전히 접지 말고, 반 정도 휜 상태에서 끝을 살짝 팽팽하게 잡아 주세요.

09 면포 등으로 살짝 덮어서 열기로 모양이 잡히게 한다.

COOKING TIP
□ 면포가 너무 무거우면 서로 붙어 버릴 수 있으니 유의하세요.
□ 한 번 김이 나가면 생각처럼 잘 접히지 않으니, 8~9번 과정은 반드시 오븐에서 꺼내자마자 뜨거울 때 일사천리로 합니다.

10 한 김 식인 후 유산지를 조심히 떼어 낸다.

11 취향껏 생크림과 과일을 필링하고, 먹기 직전 슈거파우더를 뿌린다.

Mariagrazia의 참벨로네

풀잎에 맺힌 이슬이 채 가시지도 않은 아침.
방금 닭에게서 얻은 부드러운 촉감의 달걀이 있다면
아직도 따뜻한 우유가 반짝거리는 유리병에 찰랑찰랑하다면
쏟아지는 아침햇살을 받는 뽀얀 밀가루 포대가 있다면,
이런 시골의 아침 풍경을 닮은 케이크를 만들겠어요.

도시의 케이크처럼 화려하거나 실크처럼 부드럽지 않고
모양도 색깔도 유난스럽지 않지만 딱 신선한 재료 그대로의 맛.

간단한 재료가 최고임을 알려 주신 마리아그라지아(Mariagrazia).
매일 아침 그녀의 닭들이 낳는 달걀로 만들곤 했던
든든하고 담백한 맛의 이탈리아 아침 케이크,
참벨로네입니다.

재료(10인분)

박력분 체 친 것 300g
우유 250㎖
포도씨 오일 250g
달걀 4개
설탕 150g
베이킹파우더 16g

RECIPE

01

볼에 달걀과 설탕을 넣는다.

02

핸드믹서로 곱게 섞는다.

03

체 친 밀가루를 넣는다.

04

우유와 포도씨 오일을 넣는다.

05 베이킹파우더를 넣고 핸드믹서로 곱게 섞는다.

06 틀에 반죽을 붓는다.

07 180℃로 예열한 오븐에 45분 정도 굽는다.

COOKING TIP
□ 반죽이 다 익었는지 확인하기 위해 산적꼬치나 이쑤시개를 반죽에 깊이 찔러 보세요. 젖은 반죽이 묻어 나오지 않으면 완성입니다.

바나나 플럼 케이크

군데군데 갈변하고 모양도 참 그런,
팔기도 뭐하고 사기도 곤란한 바나나들이
떨이 가격에 판매되는 걸 마트에서 종종 보게 되죠.
그럴 땐 주저 말고 들고 오세요.

원숭이가 한입 먹고 울고 가면 어쩌나 하는
우스운 생각이 장난처럼 발동할 정도로
너무나도 근사하고 맛있는 바나나 케이크를 만들면 되니까요.
촉촉한 바나나 향과 은은하게 잘 어울리는 시나몬 향까지.

거저 들고 온 바나나로 만들었다고 하면 누가 믿을까요?
세상 모든 것들에는 저마다의 쓰임이 있구나,
그런 뜬금없는 생각이 들 정도로 꽤 괜찮은 바나나의 변신.
바나나 플럼 케이크입니다.

재료(6~8인분)

바나나 큰 것 3개, 박력분 체 친 것 200g,
달걀 2개, 버터 60g, 바닐라 에센스 약간(생략 가능),
계핏가루 1꼬집, 베이킹파우더 7g,
초코칩 약간(생략 가능), 설탕 90g, 소금 1꼬집

COOKING TIP
☐ 버터는 실온에 두어서 준비합니다.

RECIPE

01

바나나는 껍질을 벗겨 포크로 으깬다.

02

볼에 달걀과 설탕을 넣고 뽀얀 크림처럼 될 때까지 휘핑한다.

03

실온에 둔 버터를 작은 크기로 잘라 약불에 녹인다.

COOKING TIP
☐ 버터를 녹일 때는 금방 녹아서 타버릴 수 있으니 눈을 떼지 마세요.

04

녹인 버터와 바닐라 에센스(생략 가능)를 02의 볼에 넣는다.

05

으깬 바나나를 넣고 섞는다.

계핏가루와 소금, 밀가루를 넣는다.

베이킹파우더를 넣는다.

초코칩을 넣고 반죽을 잘 섞어 준다.

틀에 버터를 바르고 밀가루를 뿌린 뒤, 다시 털어 내고 반죽을 붓는다.

180℃로 예열한 오븐에 45분 정도 굽는다.

초콜릿 배 케이크

버터를 몇 그램 넣으라고 했는지
방금 확인한 계량이 생각 안 나서
다시 레시피 보려다가 우당탕 밀가루 엎어지고,
순서가 이게 먼저였던가? 아니, 저게였던가?
요리는 점점 산으로 가고, 계량하고 재료 찾다 끝날 것 같은 베이킹.

여러 숫자 기억하고 확인할 수고가 필요 없는
맛있는 케이크 레시피를 공개합니다.

이거 하나만 기억하세요.
달걀 3개!
달걀 3개의 무게만 재면,
나머지 재료들도 모두 동량인 레시피죠.

달콤한 배의 식감을 느끼려는 순간, 입안에서 버터처럼 사르르 녹아 버려
배의 향만 남는 초콜릿 배 케이크입니다.

재료(8인분, 지름 26~28cm 기준)

배 무른 것 1개,
달걀 3개(190g), 설탕 190g,
초콜릿 190g, 버터 190g,
박력분 190g, 베이킹파우더 16g,
럼 또는 브랜디 1큰술, 슈거파우더 약간

RECIPE

01

무른 배의 반을 조각조각 잘게 자르고, 럼 또는 브랜디에 넣어 절인다. 나머지 반은 슬라이스한다.

02

계량한 설탕과 달걀 3개를 볼에 넣는다.

03

뽀얗게 될 때까지 잘 섞어 준다.

04

초콜릿과 버터를 각각 중탕한다. 새로운 볼에 중탕한 초콜릿과 버터를 붓고 섞는다.

05 03의 볼에 초콜릿과 버터 중탕한 것을 넣고 섞는다.

밀가루를 넣는다.

베이킹파우더를 넣는다.

절여 놓은 배를 넣는다.

주걱으로 잘 섞어 준다.

섞은 반죽을 오븐용 팬에 붓는다.

슬라이스한 배를 60° 각도로 올린다.

COOKING TIP
- 배를 비스듬히 세워 꽂지 않으면 나중에 케이크가 부풀면서 배 장식이 반죽 속에 잠겨 보이지 않거나, 배의 단면이 보이지 않으니 반드시 60° 각도로 세워 꽂습니다.

12 케이크 윗면에 배 슬라이스를 꽃 모양으로 모두 장식한다.

13 180℃로 예열한 오븐에 40분 정도 구워 준다.

14 체를 이용해 슈거파우더를 곱게 뿌린다.

초콜릿 살라미

우리는 흔히 '가성비'라는 이야기를 많이 합니다.
들인 노력이나 경제적 비용에 비해
그 가치가 훨씬 돋보이거나
또는 너무 맛있거나!

가성비 최고의 디저트.
오븐도 안 쓰고 발효 과정도 없이,
심지어 건빵으로 대충 버무려 굳혔는데
이런 맛의 디저트를 만들 수 있다니!

가성비 대회가 있으면 1등 할 자신 있는
맛있는 초콜릿 살라미입니다.
쉿! 백화점에서 엄청 비싸게 팔리고 있는 디저트라고 하네요.

재료(8인분)

건빵 250g
카카오파우더 50g
설탕 120g
버터 100g

COOKING TIP

☐ 버터는 실온에 두어서 준비합니다.

RECIPE

01 건빵을 잘게 부수고 볼에 담는다.

02 카카오파우더와 설탕을 넣는다.

03 실온에 두었던 버터를 조각으로 잘라 넣는다.

손으로 잘게 부수며 골고루 잘 섞는다.

유산지 위에 길고 두툼하게(김밥 크기) 모양을 잡아 올린다.

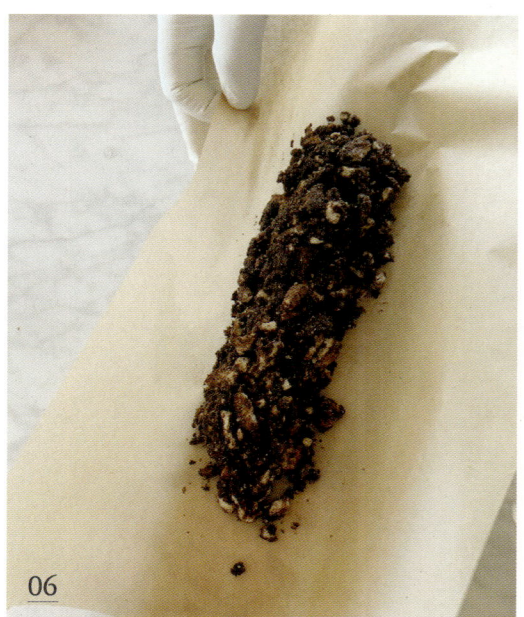

유산지로 빡빡하게 돌돌 말아 준다.

김발을 이용해 한 번 더 빡빡하게 말아 준 다음, 냉장고에 넣어 굳힌다.

COOKING TIP
□ 완성한 초콜릿 살라미는 냉장고에서 일주일에서 열흘 정도 보관 가능합니다.
□ 버터는 반드시 실온에서 2~3시간 두었다 사용하세요.
□ 취향껏 말린 과일, 곶감, 살구, 견과류(호두, 피스타치오 등), 오렌지 제스트, 유자 제스트를 넣어도 좋습니다(약 250g).
□ 피스타치오는 녹색인 것을 넣으면 잘랐을 때 예쁘고, 호두를 넣으면 잘랐을 때 모양이 진짜 이탈리아 소시지의 단면처럼 보이는 장식 효과가 있습니다.

사과 케이크

집에 오래 두고 먹기
가장 만만한 과일이 사과다 보니,
맛있는 사과가 냉장고에서 여기 치이고 저기 치여
어떨 땐 처치 곤란할 때가 있습니다.

그럴 땐 고민하지 마시고,
꽃잎이 바람에 살포시 내려앉은 듯한
꽃잎 모양의 사과 케이크를 만들어 보세요.
선물 받은 꽃 한 다발처럼 사랑스러운 케이크랍니다.

재료(8인분, 지름 26~28cm 기준)

박력분 체 친 것 200g,
사과 1½개~2개,
레몬즙 45㎖(레몬 1개 분량),
달걀 3개, 설탕 125g,
버터 125g, 베이킹파우더 8g,
슈거파우더 적당량

RECIPE

COOKING TIP
- 버터는 조각조각 잘라 녹이면 금방 녹고 타지 않습니다.

01 버터는 중탕으로 녹인다.

COOKING TIP
- 나중에 반죽 위에 올릴 때 사과를 살짝 벌려 올리면, 사이사이로 반죽이 예쁘게 부풀어 오릅니다.

02 사과는 6등분하고 씨 부분은 잘라 낸다. 6등분한 사과의 한쪽 부분을 손질하는데, 7~8번 정도 슬라이스하되 한쪽 끝은 남겨 둔다.

03 레몬즙을 뿌려서 갈변을 막는다.

04 볼에 달걀과 설탕을 넣는다.

05

핸드믹서로 오랫동안 저어 뽀얗게 될 때까지 곱게 섞어 준다.

06

녹인 버터를 붓는다.

07

체 친 밀가루를 넣는다.

08

베이킹파우더를 넣고 잘 섞는다.

09

케이크 틀에 반죽을 담는다.

<u>10</u>
레몬즙에 절여 둔 사과의 틈을 벌려 가며 반죽 위에 올린다.

<u>11</u>
사과를 꽃 모양으로 둘러 가며 올린다.

12
180℃로 예열한 오븐에 넣고 30~35분간 구워 준다. 슈거파우더를 곱게 뿌려 마무리한다.

사르데냐 도넛

이탈리아 남단에는 두 개의 섬이 있습니다.
시칠리아와 사르데냐.
그중 사르데냐는 맛있는 오렌지로 유명하지요.

오렌지주스로 반죽해 만드는
사르데냐섬의 특별한 도넛.
이미 레시피만으로도 상큼하고 맛있을 것 같지 않나요?

재료(20~24개 분량)

강력분 체 친 것 500g,
우유 200ml, 오렌지주스 70㎖,
달걀 2개, 설탕 130g(반죽용 50g, 토핑용 80g),
버터 50g, 생이스트 15g,
오렌지 제스트 2g, 튀김용 오일

COOKING TIP
□ 오렌지 제스트는 유자 제스트, 청귤 제스트로 대체 가능합니다.

RECIPE

01

오렌지는 갈아서 주스로 만들어 둔다. (없으면 우유 270㎖로 대체)

02

미지근한 우유에 이스트와 설탕 10g을 섞어 둔다.

03

밀가루 가운데에 홈을 판다.

04

달걀과 설탕을 넣어 가며 조금씩 밀가루와 섞는다.

05 오렌지주스를 넣는다.

COOKING TIP

□ 잘 씻은 오렌지 껍질을 갈아 오렌지 주스와 함께 반죽에 넣으세요. 오렌지 제스트 향이 반죽과 잘 어울린답니다. 이때 껍질의 흰 부분까지 넣으면 씁쓸한 향이 날 수 있으니 반드시 빼고 갈도록 해요.

06

우유와 이스트를 넣고 섞는다.

07

어느 정도 섞이면 실온의 버터를 넣는다.

08

10분 정도 반죽한다.

09

한 덩어리로 만들어 둔 다음, 랩을 씌우고 2배로 부풀도록 2시간 정도 1차 발효한다.

10

랩을 벗겨 낸다.

11

밀가루를 넉넉히 두른 작업대에 반죽을 놓고 두세 번 접어 주며 공기를 뺀다.

12 약 1cm 두께가 되도록 밀대로 민다.

13

도넛 모양을 만든다.

14 도넛보다 조금 더 큰 크기로 자른 베이킹 종이 위에 올려 두고, 1시간 30분 정도 2차 발효한다.

15 베이킹 종이째로 180℃ 온도의 팬에 넣고 튀긴다.

16 종이는 바로 건져 낸다.

17 노릇한 색깔이 나오면 바로 건져 올린다. 반죽용 설탕 50g을 제외한 설탕 80g을 담은 볼에 도넛을 넣고 굴린다.

리코타 치즈 케이크

한 번쯤 예쁜 홈카페를 상상해 보셨을 거예요.
나만의 작은 공간에서 찻잔 달그락거리는 소리.

그 홈카페를 문전성시 하게 해줄
기가 막히게 맛있는 리코타 치즈 케이크.
정말 내가 만든 케이크라고?
이렇게 되묻게 된다니까요.

케이크 굽는 달콤하고 고소한 냄새와 향긋한 커피 향.
마치 이탈리아의 어느 예쁜 골목 속
작은 카페에 와 있는 듯한
공감각적 상상을 불러일으키는
대범한 맛의 치즈 케이크.

재료(지름 28cm 기준)

시트지 재료

비스킷(다이제스트) 250g, 버터 180g, 설탕 2큰술

필링 재료

마스카르포네 치즈 500g, 리코타 치즈 500g,
달걀 6개, 설탕 8큰술, 바닐라 에센스 1~2방울, 소금 1꼬집

COOKING TIP

▫ 리코타는 반드시 체에 밭쳐 밤새 물기를 제거하거나, 면포에 꾹꾹 눌러 짜서 미리 수분을 제거하세요.
수분을 제거하지 않으면 나중에 시간이 지나면서 케이크 시트지가 젖게 됩니다.
▫ 버터는 녹여서 준비합니다.

RECIPE

01 믹서기로 비스킷을 곱게 간다.

02 곱게 간 비스킷을 볼에 담고, 설탕을 넣는다.

03 녹인 버터를 넣고 골고루 섞는다.

04 틀에 비스킷 반죽을 올린다.

05 숟가락으로 골고루 두들겨 가며 약 0.8cm 두께로 평평하게 잘 펴고 냉장고에서 굳힌다.

06

볼 2개를 준비해 달걀의 흰자와 노른자를 분리하여 각각 담는다.

흰자가 담긴 볼에 소금을 넣고 휘핑기로 머랭을 만든다.

노른자가 담긴 볼에 설탕을 넣는다.

뽀얗게 될 때까지 충분히 섞는다.

10

마스카르포네 치즈를 넣는다.

11

리코타 치즈와 바닐라 에센스를 넣는다.

12

흰자 머랭을 섞는다. 이때 머랭이 최대한 죽지 않도록 3회에 걸쳐 넣는다.

13

굳힌 시트지를 꺼내고 그 위에 올린다.

평평하게 잘 펴준다.

180℃로 예열한 오븐에 50~60분 정도 노릇해질 때까지 구워 준다.

16 오븐에서 확 부풀었다가 한 김 식어 폭 꺼지면 꺼내어 냉장고에 넣는다.

COOKING TIP
□ 시원하게 해서 먹으면 훨씬 더 맛있는 치즈 케이크입니다.

그란비스코티

쿠키와 케이크,
둘 다 포기할 수 없는 당신이라면
두 가지 맛을 모두 원하는 욕심쟁이 당신이라면
추천합니다.

겉은 바삭한 비스킷인 듯하면서
안은 촉촉한 것이,
바삭한 쿠키에서 시작해
케이크의 부드러움으로 마무리되는
외강내유 비스킷,
그란비스코티.

재료(10인분)

박력분 450g, 달걀 2개, 설탕 120g,
올리브오일 80g, 우유 80g, 베이킹파우더 8g,
레몬 제스트 또는 오렌지 제스트 적당량(레몬 또는 오렌지 ½개 분량),
바닐라익스트랙트 3~4방울

필링용

피스타치오 크림 4큰술,
누텔라 초콜릿 크림(또는 피스타치오 크림이나 수제 잼) 200~300g

덧칠용

달걀노른자 ½개, 우유 1큰술, 설탕 1큰술

COOKING TIP

☐ 누텔라 초콜릿 크림에 다진 피스타치오나 견과류(아몬드, 헤이즐넛, 땅콩 등)를 함께 올려도 잘 어울린답니다.

RECIPE

01

볼에 달걀과 설탕을 넣고 섞는다.

02

뽀얗게 되도록 잘 섞어 준다.

03

오렌지 제스트, 바닐라익스트랙트를 넣고 우유와 올리브 오일을 넣는다.

04

베이킹파우더를 넣는다.

05 밀가루를 체 치면서 넣고 섞는다.

06 반죽이 한 덩어리가 되게 한다.

07 반죽을 유산지 위에 올리고 밀가루를 조금 뿌린다.

08 두툼한 쿠키 만들 때처럼 약 8mm 두께로 얇게 밀어 준다.

09 반죽 위에 피스타치오 크림을 바른다.

10 그 위에 누텔라 크림을 바른다.

11 반죽을 둘둘 말아 준다.

12 달걀노른자와 우유 섞은 것을 윗부분에 조금 바른다.

13 데코레이션용 설탕을 솔솔 뿌린다.

14 180℃로 예열한 오븐에 40분 정도 구워 준다.

Foreign Copyright:
Joonwon Lee
Address: 3F, 127, Yanghwa-ro, Mapo-gu, Seoul, Republic of Korea
          3rd Floor
Telephone: 82-2-3142-4151, 82-10-4624-6629
E-mail: jwlee@cyber.co.kr

눈과 입이 즐거운 홈메이드 이탈리아 코스 요리
로마의 미각 반상기

2022. 3. 8. 초 판 1쇄 인쇄
2022. 3. 15. 초 판 1쇄 발행

지은이 | 김하정
펴낸이 | 이종춘
펴낸곳 |
주소 | 04032 서울시 마포구 양화로 127 첨단빌딩 3층(출판기획 R&D 센터)
       10881 경기도 파주시 문발로 112 파주 출판 문화도시(제작 및 물류)
전화 | 02) 3142-0036
       031) 950-6300
팩스 | 031) 955-0510
등록 | 1973. 2. 1. 제406-2005-000046호
출판사 홈페이지 | www.cyber.co.kr
ISBN | 978-89-315-5795-4 (13590)
정가 | 20,000원

이 책을 만든 사람들
책임 | 최옥현
기획 | 조혜란
진행 · 편집 | 김해영
사진촬영 | Paolo Angelucci
본문 · 표지 디자인 | 상:想 company
홍보 | 김계향, 이보람, 유미나, 서세원
국제부 | 이선민, 조혜란, 권수경
마케팅 | 구본철, 차정욱, 나진호, 이동후, 강호묵
마케팅 지원 | 장상범, 박지연
제작 | 김유석

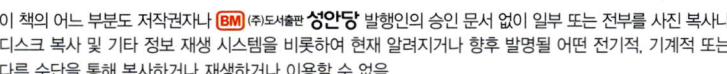

이 책의 어느 부분도 저작권자나 BM ㈜도서출판 성안당 발행인의 승인 문서 없이 일부 또는 전부를 사진 복사나 디스크 복사 및 기타 정보 재생 시스템을 비롯하여 현재 알려지거나 향후 발명될 어떤 전기적, 기계적 또는 다른 수단을 통해 복사하거나 재생하거나 이용할 수 없음.

■ 도서 A/S 안내

성안당에서 발행하는 모든 도서는 저자와 출판사, 그리고 독자가 함께 만들어 나갑니다.
좋은 책을 펴내기 위해 많은 노력을 기울이고 있습니다. 혹시라도 내용상의 오류나 오탈자 등이 발견되면 **"좋은 책은 나라의 보배"**로서 우리 모두가 함께 만들어 간다는 마음으로 연락주시기 바랍니다. 수정 보완하여 더 나은 책이 되도록 최선을 다하겠습니다.
성안당은 늘 독자 여러분들의 소중한 의견을 기다리고 있습니다. 좋은 의견을 보내주시는 분께는 성안당 쇼핑몰의 포인트(3,000포인트)를 적립해 드립니다.
잘못 만들어진 책이나 부록 등이 파손된 경우에는 교환해 드립니다.